Mémoires des violences sexuelles dans les Églises : devoirs, responsabilités, justice

Sous la direction de
Katherine Shirk Lucas

Mémoires des violences sexuelles dans les Églises : devoirs, responsabilités, justice

Actes de la Journée d'études du 4 novembre 2023

Mémoires des violences sexuelles et abus dans les Églises

© Katherine Shirk Lucas, 2024

Autres contributeurs : Laëtitia Atlani-Duault, Jean-François Badin, Annette Becker, Marie-Rose Boodts, Marie-Pierre Cournot, Philippe Denis, Véronique Garnier, Benoît Gaudin, Boris Grebille, Christine Lazerges, Gerard J. McGlone, Guillemette Mounier, Evelyne de Mevius, Brigitte Navail, Eve Paul, Nicolas Perreau, Valérie Rosoux, Francis Salembier, Nicolas Scalbert

Illustration de la couverture :
Détail du livre peint à la main par l'artiste Jan Boyd, avec des prénoms des 1 476 hommes et femmes qui sont victimes de violences sexuelles commises par un prêtre, un diacre, un religieux ou une religieuse du diocèse catholique de Boston aux États-Unis.

Édition : BoD · Books on Demand GmbH, In de Tarpen 42, 22848 Norderstedt (Allemagne)
Impression : Libri Plureos GmbH, Friedensallee 273, 22763 Hamburg (Allemagne)

ISBN : 978-2-3225-2548-5
Dépôt légal : octobre 2024

Pour

Kathleen
Deborah
Paula
Kathy
Eric
Myriam et sa sœur
Jacques
Florence
Philippe
Jacqueline
Mark
Mike
Stacy
Sue
Dorothy
Francis
Annie-Claude et sa sœur
Véronique
Grégoire et son frère
Odile

Judy
Frank
Mary
Cindy
Emily
Michel et son frère
Sylvie
Dominique
Catherine
Olivier
Paul
Elizabeth
Barbara
Karen
Jerry
Marie-Claire, son frère et sa sœur
Nicolas
Brigitte
Quentin et ses frères
Marie-Hélène

Et tant d'autres qui habitent nos cœurs

Avant-propos
Boris Grebille, Katherine Shirk Lucas

Nous sommes heureux - malgré le thème terrible - et les atrocités qui continuent - de vous accueillir pour cette journée d'étude consacrée aux « Mémoires des violences sexuelles dans les Églises ».

Vous qui êtes au Centre Sèvres, et vous qui êtes en ligne, de toute la France, de la Belgique, de la Suisse, de l'Italie, de l'Afrique du Sud, des Etats-Unis... soyez tous et toutes les bienvenues !

A special welcome to Jerry McGlone, Peter Iseley and Sarah Pearson who have traveled from the United States to be here today.

Nous souhaitons tout particulièrement la bienvenue à toutes les personnes victimes, à tous les survivants, à toutes les survivantes, to all *survivors*. Nous sommes très reconnaissants de votre présence. Les questions que nous traitons sont difficiles et douloureuses : elles peuvent déclencher des réactions traumatiques pour certains d'entre nous. S'il vous plaît, donnons la priorité au bien-être de chacun et de chacune, n'hésitez pas à faire une pause et à prendre soin de vous.

Notre collectif Mémoires, violences sexuelles et abus dans les Églises, est issu d'un groupe de travail commandité par la Conférence des évêques de France sur la question mémorielle incluant notamment une réflexion sur la création d'un lieu de mémoire consacré à la pédocriminalité dans l'Église catholique, telle qu'elle avait été votée par les évêques catholiques en assemblée plénière en 2021[1]. Sous la houlette de Guillemette Mounier, il a été constitué à parité de personnes victimes et d'experts complémentaires représentant les champs de l'histoire, de la théologie, de l'œcuménisme, de la psychanalyse et des lieux et politiques culturels. Nous voulons en tant que groupe lui rendre hommage aujourd'hui pour sa capacité remarquable à avoir fait dialoguer des personnes aux univers et attentes différentes permettant la co-construction d'un projet et de recommandations que nous avons tous signés et appelés de nos vœux. Le rapport que nous avons rendu a été accueilli avec la courtoisie des institutions séculaires et les choses auraient pu en rester là si le travail même produit dans ce groupe n'avait pas eu pour effet de nous convaincre, toutes et tous, à titre personnel comme à titre collectif, que l'enjeu de la mémoire était tel qu'il ne pouvait rester un vœu pieu.

Nous avons donc poursuivi notre travail, cette fois-ci à la demande de la Conférence des religieuses et religieux de France, afin de proposer une résolution au vote de leur assemblée générale de fin novembre autour de la création de l'Association qui fera l'objet de notre dernière table-ronde[2]. Durant cette période, nos discussions avec les équipes des commissions de reconnaissance et de réparation (l'INIRR et la CRR) mais également avec d'anciens membres de la Commission indépendante sur les abus sexuels dans l'Église (CIASE), nous ont

---

[1] En mars 2021, il est décidé de « créer un lieu qui gardera vive la mémoire des faits commis » https://eglise.catholique.fr/actualites/dossiers/assemblee-pleniere-de-mars-2021/514454-lettre-des-eveques-de-france-aux-catholiques-sur-la-lutte-contre-la-pedophilie/.
[2] Il s'agit de l'association loi 1901 « Mémoires des violences sexuelles et abus dans les Églises » dont les statuts ont été déposés le 1er juillet 2024. associationmvsae@gmail.com.

conforté dans notre conviction qu'il y avait urgence à agir pour la Mémoire, c'est-à-dire en premier lieu pour les personnes victimes et leurs proches, mais comme elles le disent elles-mêmes également pour les communautés ecclésiales et la société dans son ensemble.

Pendant près de deux ans, nos travaux ont été rythmés par les scandales, par un sentiment permanent d'usure, de découragement face à des paroles qui semblaient et semblent toujours bien éloignées des actes, par l'impression que la voix des victimes n'était pas prise au sérieux, par le sentiment que la réponse des institutions n'était pas à la hauteur non de leur faute mais bien plus grave de l'importance du drame vécu par des personnes, des familles, des communautés et finalement la société toute entière. La certitude que le « plus jamais ça » énoncé cachait finalement le fol espoir que cette histoire soit déjà, ou au plus vite, derrière nous. La récente tribune d'Agnès Desmazières dans *Le Monde* sur les causes de l'occultation de cette question dans les commissions préparatoires à Vatican II donne l'impression que rien ne change et rien ne changera jamais, sacrifiant de fait de nouvelles générations[1].

À celles et ceux qui mettaient en doute l'honnêteté et les chiffres du rapport de la CIASE, le rapport de la commission espagnole vient d'apporter un lourd désaveu[2]. À celles et ceux qui pourraient penser que le rapport de la CIASE est passé et

---

[1] « Le silence de Vatican II sur les violences sexuelles questionne la capacité de réforme de l'Église, » https://www.lemonde.fr/le-monde-des-religions/article/2023/10/25/agnes-desmazieres-historienne-le-silence-de-vatican-ii-sur-les-violences-sexuelles-questionne-la-capacite-de-reforme-de-l-eglise_6196392_6038514.html.

[2] *Informe sobre los abusos sexuales en el ámbito de la Iglesia católica y el papel de los poderes públicos.* https://www.defensordelpueblo.es/informe-comision-abusos-sexuales/.

que le *mea culpa* des évêques à Lourdes a conclu cette mauvaise séquence, l'actualité belge, treize ans après la commission parlementaire de 2010 et la repentance des évêques, devrait donner à réfléchir[1].

Nous croyons qu'il faut être lucides et clairs, le drame des violences sexuelles dans les Églises va nous accompagner sur la durée. D'abord parce que le trauma vécu par les personnes victimes, comme tout trauma de cette ampleur, aura des répercussions sur les générations à venir, leurs enfants, leurs petits-enfants. Ensuite, parce que les communautés ecclésiales, de manières différentes suivant les lieux et les histoires, ont à reconstruire une communion qui a été rudement mise à l'épreuve. Cela ne se fera pas qu'avec de belles paroles d'unité. Enfin parce que c'est notre société tout entière qui est affectée par l'énormité de ces violences.

Alors évidemment, il est indispensable pour que l'on puisse reconstruire que la vérité des faits soit accueillie. Personne ne fera disparaître les plaies profondes de ces drames. Il nous faut apprendre à vivre avec, comme les personnes victimes elles-mêmes nous l'apprennent. Mais pour cela il faut avoir un discours clair, sans ambiguïté, même s'il est difficile à tenir. Il n'est plus possible, ni pour les personnes victimes, ni pour les baptisés, ni pour la société, de supporter des demi-décisions. Qu'il s'agisse du cardinal Ricard en France, ou de l'ancien évêque Vangheluwe de Bruges en Belgique, les demies-impunités doivent cesser. Et que dire des déplacements de prêtres qui continuent d'être pratiqués tant qu'ils ne sont pas trop visibles. Mais la vérité est aussi qu'un profond changement des institutions est nécessaire pour que le terrain qui a permis ces

---

[1] Une nouvelle commission sur les violences sexuelles dans l'Église catholique en Belgique a été créé par le Parlement en octobre 2023.

violences et leur impunité devienne demain celui qui les rendra impossible.

Choisir de traiter ce sujet par la Mémoire longue, c'est avant tout accepter de regarder les choses en face et pour cela se mettre à l'écoute des personnes victimes. Dans un instant, Véronique Garnier et Gérard McGlone évoqueront par leur prénom des personnes victimes dont ils font partie et dont plusieurs sont aujourd'hui parmi nous pour réfléchir à cette approche par la Mémoire. Si nous souhaitons débuter cette journée d'étude par cette évocation, c'est nullement dans une volonté de scénarisation ou de liturgisation de nos travaux. C'est uniquement pour redire de manière très simple qu'au cœur de nos réflexions se situent les personnes victimes, non pas comme objet de recherche mais bien comme sujets, première partie-prenante de ces recherches.

Nous continuerons notre journée par une intervention de Laetitia Atlani-Duault, co-autrice avec deux autres membres de la CIASE, Christine Lazerges qui nous rejoindra pour notre table-ronde finale et Joël Molinario d'un ouvrage intitulé *Violences systémiques dans l'Église catholique : apprendre des victimes*. Vous ferez ainsi le lien entre les travaux de la CIASE dont le rapport a été remis il y a maintenant deux ans et ceux que nous avons menés et que nous souhaitons continuer de mener à sa suite. Apprendre des victimes, ce n'est pas en faire un sujet d'étude comme l'a toujours souligné Jean-Marc Sauvé, c'est au contraire se mettre à l'écoute de ce qu'elles nous disent pour penser avec elles.

Nous aurons ensuite la chance d'entendre trois interventions, celles de Evelyne de Mevius, Valérie Rosoux et Philippe Denis qui nous permettront d'enrichir notre réflexion. Comment sortir d'une mémoire douloureuse et contestée ?

Quels objectifs pour cette mémoire ? Réconciliation ou reconstruction ? Et comment une Mémoire qui ferait œuvre d'éthique reconstructive assumerait pour autant les limites du statut de victime qui nous pousse dès à présent, et à leur demande, à parler de personnes victimes et non de victimes. Ces questions nous les reprendrons ensemble dans le cadre d'une table ronde qui conclura notre matinée et qui accueillera trois personnes de notre groupe, une psychologue et deux personnes victimes ainsi que Marie-Pierre Cournot, pasteure de l'Église protestante unie de France.

Nous aurons le plaisir d'entendre Gerard McGlone, de l'Université de Georgetown à Washington DC qui nous fait l'honneur d'être présent pour nous parler de ses recherches sur les récits de survivants et leur pouvoir de guérison. Son intervention sera extrêmement précieuse pour mieux comprendre l'importance des témoignages qui sont un des principaux matériaux des actions de recherche, de diffusion et de médiation que nous souhaitons mener.

Nous accueillerons enfin deux représentants de commissions de reconnaissance et de réparation, Eve Paul pour la CRR et Jean-François Badin pour l'INIRR, qui sera lui-même accompagné de deux membres du collectif de Tours, Voix libérées, Benoît Gaudin et Nicolas Perreau. Ensemble, ils nous diront les besoins et désirs mémoriels, tant personnels que collectifs, qui remontent des personnes victimes et comment ceux-ci sont ou pourraient être mis en place.

Fort de notre réflexion de la matinée, et de ces deux interventions qui nous auront particulièrement éclairés sur les témoignages et les actions mémorielles, nous pourrons réfléchir ensemble, avec l'aide de Christine Lazerges qui nous rejoindra pour cette table-ronde, sur les actions à mener les plus urgentes dans le cadre d'une association qui souhaite faire vivre la mémoire des violences sexuelles et des abus dans les Églises. L'occasion de redire qu'un travail sérieux sur la Mémoire ne peut se dissocier de l'écriture d'un discours historique plus large pour éviter en premier lieu aux personnes victimes de se retrouver enfermées dans leur identité traumatique. Ensuite pour empêcher tout amoindrissement de la réalité des faits qui pourrait venir contrecarrer la nécessité d'un travail sérieux et pluridisciplinaire de recherche et de réforme : travail en effet indispensable pour répondre au besoin de justice des personnes victimes et aux devoirs et responsabilités que ce qu'elles ont vécu nous impose vis-à-vis d'elles. Travail indispensable aussi, et c'est ce que les personnes victimes ne cessent de revendiquer, vis-à-vis des générations présentes et à venir à qui nous devons garantir un cadre de vie et particulièrement des espaces ecclésiaux sûrs, sereins et émancipateurs.

Première partie

La CIASE et les violences sexuelles dans l'Église catholique : mémoire, justice, réparation

Laëtitia Atlani-Duault

Le travail de mémoire sur les violences sexuelles dans l'Église en France, que nous appelons de nos vœux dans ce propos introductif au colloque, s'inscrit dans la continuité du travail de la CIASE. Ce travail, qui s'est nourri et est resté au plus près des paroles de personnes victimes, a marqué un tournant dans la société française. Car dans le rapport de la CIASE, les personnes victimes ne se contentent pas de relater des faits ; elles apportent aussi une expertise sur l'Église, sa gouvernance, sa doctrine et son rapport à la société. Dans leurs témoignages, on découvre tout à la fois la « banalité du mal » et son caractère systémique, rendu possible par un détournement voire un véritable dévoiement de l'autorité et du sacré par les agresseurs.

Si ces analyses ont pu voir le jour, c'est parce qu'elles ont placé la parole des personnes victimes au cœur de la démarche via la collecte de témoignages, soit par les auditions de personnes victimes menées par les membres de la commission, soit par les courriers de témoignages reçus, puis l'analyse de ces milliers de témoignages, et enfin la co-construction des recommandations avec les personnes victimes.

Cette méthode a marqué les esprits. En effet, en les écoutant pour apprendre d'elles et en mettant en valeur leur expertise sur les violences qui les ont frappées ainsi que sur le système qui les a permises, la CIASE a ouvert une voie nouvelle, que les associations de victimes comme l'Église en France veulent poursuivre par la création d'un lieu de mémoire.

Ce travail de mémoire est essentiel pour le processus de réparation. Il relève d'un devoir de responsabilité envers les victimes. Il permettra d'acter une nouvelle fois la place centrale de leur parole et de reconnaître la responsabilité des agresseurs et de l'institution pour les fautes commises en son sein. Il permettra enfin de constituer un appel à la vigilance puisque les violences sexuelles dans les Églises ne relèvent malheureusement pas uniquement du passé. Il en sera ainsi tant que des réformes institutionnelles sur ce qui fait de ces violences des violences systémiques ne seront pas entreprises.

Un lieu de mémoire pour les personnes victimes est donc absolument essentiel, mais aux côtés d'autres modes de réparation. Car il ne faudrait pas oublier que les personnes ayant témoigné devant la CIASE demandent avant tout justice, soit devant les tribunaux, soit auprès des deux commissions d'indemnisation qui ont été créées (INIRR et CRR) par l'Église catholique en France. C'est donc ensemble qu'il convient de penser ces modalités de réparation.

Tant les associations de victimes que l'Église catholique en France ont reconnu depuis plusieurs années le besoin d'un lieu de mémoire. Dès mars 2021, un rapport de l'Assemblée plénière des évêques de France a acté la création d'un lieu mémoriel[1]. Du côté des personnes victimes, un responsable

---

[1] En mars 2021, il est décidé de « créer un lieu qui gardera vive la mémoire des faits commis » https://eglise.catholique.fr/actualites/dossiers/assemblee-pleniere-de-mars-2021/514454-lettre-des-eveques-de-france-aux-catholiques-sur-la-lutte-contre-la-pedophilie/.

d'association, parmi les plus actives avant même la création de la CIASE, avait également, dès cette époque, porté un projet de lieu de mémoire. Cette même année encore, le rapport de la CIASE recommandait lui aussi la création d'un « mémorial des personnes victimes, tangible ou virtuel », et notait que le choix de sa forme devait appartenir aux personnes victimes[1].

    Il s'agit maintenant d'avancer. Quelles formes, quels lieux, avec qui ? Est-ce que cela doit être un lieu tangible ? Virtuel ? Une multiplicité de lieux ? Des journées de commémoration ? Des plaques ? Des temps dédiés ? Toutes ces questions témoignent de la difficulté à s'arrêter sur un projet, et de l'importance d'y réfléchir à plusieurs, en s'inspirant aussi de ce qui se fait à l'étranger, afin d'imaginer ensemble sa mise en oeuvre concrète. Au-delà des déclarations d'intention.

L'Assemblée plénière des évêques de France de mars 2021 a approuvé la résolution 7 pour « poursuivre le travail » en vue d'établir un « lieu national de mémoire ».
https://eglise.catholique.fr/sengager-dans-la-societe/lutter-contre-pedophilie/514495-lutte-contre-la-pedophilie-les-resolutions-votees-par-les-eveques-de-france-en-mars-2021/

[1] Rapport de la Commission indépendante sur les abus sexuels dans l'Église (CIASE), *Les violences sexuelles dans l'Église catholique. France 1950-2020*, 2021, § 1147.

Réflexions sur la dénomination de personne victime

Evelyne de Mevius

Réunie en Assemblée plénière en novembre 2018, la Conférence des évêques de France déclarait, au sujet des crimes sexuels commis dans l'Église : « Les évêques souhaitent travailler avec les victimes pour voir comment permettre que notre histoire n'oublie pas ces actes qui ont marqué à vie trop de personnes ». Un an plus tard, Mgr de Moulins-Beaufort, président de la Conférence, déclarait, au sujet de la mise en place d'un groupe de travail avec la Conférence des religieux et religieuses de France (CORREF) : « les évêques encouragent ce groupe de travail à offrir aux personnes victimes qui le désireraient la possibilité de faire le récit de leur vie (et pas seulement des faits) »[1]. En un an, on passe de « victime » à « personne victime ». Un seul mot, d'une importance cruciale pour les personnes qui ont été victimes de pédocriminalité dans l'Église.

Personne victime. Le recours à cette dénomination est capital. Capital pour clarifier certaines ambiguïtés. Capital pour pousser plus loin la reconnaissance des personnes concernées. Et capital pour accompagner certaines réformes attendues depuis longtemps au sein de l'institution ecclésiastique.

---

[1] *Rapport de la Conférence des évêques de France sur la lutte contre la pédophilie dans l'Église*, novembre 2020. https://eglise.catholique.fr/sengager-dans-la-societe/lutter-contre-pedophilie/.

J'entamerai mon propos par quelques réflexions d'ordre philosophique sur les dénominations de victime, de personne et de personne victime. Je tâcherai ensuite de répondre à deux questions. D'abord, pourquoi est-il nécessaire et utile de s'en référer à la dénomination de « personnes victimes » dans le contexte des abus sexuels commis dans l'Église catholique ? Puis, comment peut-on contribuer à porter la parole des personnes victimes dans l'espace public ?

1. Des personnes, pas seulement victimes

1.1. Qu'est-ce qu'une victime ?

D'abord, qu'est-ce qu'une victime ?

Le terme « victime » vient du latin « *victima* », qui signifie « animal offert en sacrifice à une divinité »[1]. A ses débuts, la victime est propriatoire – c'est-à-dire offerte en sacrifice pour rendre la divinité propice – ou expiatoire – c'est-à-dire offerte en sacrifice pour expier la faute collective. Avec le temps, l'animal est devenu un être humain, sacrifié non plus à une divinité, mais à une autre volonté. Et c'est avec le temps aussi que, d'utile ou même désignée coupable, la victime en est venue à être pensée comme innocente.

La victime peut se désigner elle-même comme telle, ou être reconnue telle par une instance tierce. Dans les deux cas, la question se pose de savoir ce qu'il se passe lorsqu'on est « que » victime. Dans ce cas, le statut de victime, ou la victimité, peut en venir à prendre le dessus sur tout le reste de la personne, au point de se développer en identité. Une identité victimaire. La victimité est un statut, le victimaire est une identité. Une

---

[1] *Trésor de la langue française.*

identité à laquelle on associe volontiers les traits de la passivité, du repli sur soi et du ressentiment. L'identité victimaire – c'est le risque – peut finir par enfermer la personne tout entière dans ses gonds, jusqu'à lui enlever tout pouvoir d'agir sur sa propre existence.

En philosophie du langage, on peut expliquer le passage de la victimité au victimaire par la force de la fonction performative du langage. La fonction performative du langage, c'est la capacité qu'a le langage à créer une réalité qui ne lui préexiste pas, du simple fait de nommer une chose d'une certaine façon plutôt que d'une autre. Prenons un exemple. Quand on désigne les « pauvres » comme des *inadaptés sociaux*, des *asociaux* ou des *marginaux*[1] (ce qui fut le cas en France jusque dans les années 1960), ces catégories modèlent notre compréhension du monde, et ultimement, le monde lui-même. On comprend le réel à travers ces catégories, et en retour, on les impose au réel pour qu'il y corresponde. Jusqu'à ce qu'un jour, les « pauvres » n'aient plus besoin de qui que ce soit pour se voir eux-mêmes comme des *inadaptés sociaux*, des *asociaux* ou des *marginaux*. Il en est de même dans le contexte qui nous occupe. Quand on se réfère aux personnes qui ont subi des violences sexuelles comme à des « victimes », on crée une réalité dans laquelle ces personnes ne sont « que » des victimes, jusqu'à ce que ces personnes en viennent à se voir elles-mêmes seulement de cette façon.

Mais la performativité du langage fonctionne dans les deux sens. De la même manière qu'elle enferme, elle peut aussi libérer. Si on parle, plutôt que des « pauvres », de personnes en situation de pauvreté, le langage, et donc nos représentations,

---

[1] Axelle Brodiez DOLINO, « De la connaissance à la reconnaissance », dans Bruno TARDIEU et Jean TONGLET (dir.), *Ce que la misère nous donne à repenser avec Joseph Wresinski*, Paris, Hermann, 2018, p. 70.

offre à ces personnes la possibilité d'être, précisément, autre chose, et bien plus, que seulement des « pauvres ». Il en est de même ici : dire « personne victime » plutôt que « victime », c'est permettre à ces personnes d'être autre aussi chose, et bien plus, que seulement des victimes.

Parler de personnes victimes, c'est créer une réalité dans laquelle les victimes sont avant tout des personnes. Et j'oserais aller plus loin : parler de personnes victimes, c'est contribuer à aider ces personnes à inclure le traumatisme qu'elles ont vécu dans un parcours de vie, plutôt que de le concevoir comme un événement ou une période qui les définit intégralement. Parler de personnes victimes, c'est aider les personnes concernées à acquérir une vision d'elles-mêmes qui ne soit pas uniquement celle d'un destin subi.

1.2. Qu'est-ce qu'une personne ?

Venons-en au terme de personne.

Le terme « personne » vient lui aussi du latin « *persona* », qui signifie le « masque de l'acteur ». Quant à la signification du terme « personne », elle descend de son équivalent grec, « *prosôpon* », qui signifie « masque de théâtre », mais également « visage ».

De notre point de vue, le masque et le visage sont deux choses très différentes. Il faut s'imaginer que pour les Grecs antiques et classiques, il y a une continuité de l'un à l'autre, l'un succède à l'autre. Françoise Frontisi-Ducroux fait d'ailleurs remarquer que « l'expression 'sous le masque' n'est pas attestée en grec » – sur les vases et les amphores qui les représentent, il n'y a pas de ligne de démarcation claire entre l'un et l'autre[1].

---

[1] Voir Françoise FRONTISI-DUCROUX, *Du masque au visage. Aspects de l'identité en Grèce ancienne*, Paris, Flammarion, 1995, p. 17, dans Frédérique ILDEFONSE,

Le *prosôpon*, nous dit Jean-Pierre Vernant, est « ce qu'on présente de soi au regard d'autrui »[1]. Il n'est pas une façade qui recouvrirait une intériorité. A vrai dire, il ne dissimule rien, mais exprime et révèle. Le sujet qu'il révèle est un sujet extraverti, immédiatement tourné vers le dehors. Dans ce contexte, c'est l'autre qui fait de ce sujet un « je ». Quant au sujet lui-même, sa conscience de soi est « l'appréhension en soi d'un *il*, pas encore d'un *je* »[2].

De « visage », *prosôpon* en vient à désigner la personne porteuse de ce visage. Cette personne est d'abord, au IIe siècle de notre ère, conçue au sens grammatical du terme. Lorsque les grammairiens adoptent *prosôpon* pour désigner la personne grammaticale, « ils ont en tête la situation d'interlocution, caractéristique du texte théâtral, qui fait entrer en jeu l'alternance 'je-tu' »[3]. On a donc bien ici l'apparition d'un « je », mais d'un « je » encore unidimensionnel, monochrome, indivis. Le grammairien Apollonius Dyscole dira d'ailleurs que si on ne peut concevoir d'impératif en première personne, c'est précisément parce que l'indivision de la personne interdit qu'on puisse se donner un ordre à soi-même[4].

D'un « je » indivis on passe progressivement à un « je » conçu comme unification du multiple, notamment sous la plume d'Augustin. « Une nouvelle forme de l'identité prend

---

« La personne en Grèce ancienne », *Terrain* [En ligne], 52, 2009. Les références mentionnées au point 1.2 sont issues de ce dernier article.

[1] Jean-Pierre VERNANT, « Au miroir de Méduse », dans *L'Individu, la mort, l'amour. Soi-même et l'autre en Grèce ancienne*, Paris, Gallimard, 1996, p. 118.

[2] Jean-Pierre VERNANT, « L'individu dans la cité », dans *ibid.*, pp. 226-227.

[3] Jean LALLOT, « Acteur », dans Barbara Cassin (dir.), *Vocabulaire européen des philosophies. Dictionnaire des intraduisibles*, Paris, Éditions du Seuil / Le Robert, 2004, p. 23.

[4] Apollonius DYSCOLE, *De la construction*, Paris, Vrin, 1997, III, 105.

corps à ce moment : elle définit l'individu humain par ses pensées les plus intimes, ses imaginations secrètes, ses rêves nocturnes »[1], ses projets, ses souvenirs. Progressivement, donc, la personne devient un tout unifié, capable de ramener la multiplicité de son vécu à une unité. Un tout qui se définit par la conscience de son unicité. C'est le point de départ de la personne moderne.

J'en reviens au masque. Si, à l'origine, *persona* est le masque de l'acteur qui raconte une histoire, le terme personne, en son sens moderne, désigne l'unicité d'une personne qui raconte non plus une histoire, mais son histoire, et qui nous apparaît non plus seulement comme un acteur, mais aussi et avant tout comme un auteur.

Qu'est-ce que, dans ce contexte, qu'une personne victime ? C'est une personne qui a souffert d'un mal qui lui a été imposé, mais qui ne se réduit pas à cette souffrance. Une personne victime est, par définition, une personne capable de faire sienne cette souffrance, de l'intégrer dans son histoire, dans le récit de sa vie, au titre de scène, déterminante certes, mais pas englobante de son identité. Une personne victime n'est pas un personnage qui joue une histoire écrite par quelqu'un d'autre. C'est l'auteur de son propre destin en plus d'en être l'acteur principal.

1.3. Nécessité et utilité de recourir à la dénomination de « personne victime »

Pourquoi recourir à la dénomination de « personne victime » ?

---

[1] Jean-Pierre VERNANT, « L'individu dans la cité », in *L'Individu, la mort, l'amour. Soi-même et l'autre en Grèce ancienne*, Paris, Gallimard, 1996, p. 231.

D'abord, parce que c'est un dû. Étant donné ce qu'elles ont vécu, la moindre des choses est de s'adresser aux personnes victimes en utilisant la dénomination qu'elles souhaitent.

Deuxièmement, parce que cette dénomination est libératrice. Elle est libératrice d'un point de vue performatif. A l'inverse, la dénomination de victime, on l'a vu, porte en elle le pouvoir d'enfermer la personne concernée dans une identité victimaire. Elle est libératrice d'un point de vue éthique – on l'a vu également – en ce qu'elle fait signe vers une totalité de la personne dont la victimité ne serait qu'une partie. Dans tous les cas, la dénomination de personne victime atteste de la capacité de la personne à être autre chose que ce qu'elle a subi.

Troisièmement, et ce sera mon point suivant, parce que cette dénomination est susceptible de contribuer à opérer un changement de perspective en faveur d'une considération pour la personne et son intégrité dans l'enseignement en Église catholique.

Mise en contexte. La modification du *Code de droit canonique* en juin 2021 a fait apparaître, au Livre VI, intitulé « Les sanctions pénales dans l'Église, » une nouvelle infraction pour condamner, notamment, la pédocriminalité. L'article 1398 dit la chose suivante, en son § 1 :

> Sera puni de la privation de l'office et d'autres justes peines, y compris, si c'est le cas, le renvoi de l'état clérical, le clerc : 1° qui commet un délit contre le sixième commandement du Décalogue avec un mineur ou une personne habituellement affectée d'un usage imparfait de la raison ou avec une personne à laquelle le droit reconnaît une protection similaire[1].

---

[1] Livre VI – Les sanctions pénales dans l'église, deuxième partie – les délits singuliers et les peines prévues pour eux, Titre VI – délits contre la vie, la dignité et la liberté humaines, entré en vigueur le 8 décembre 2021.

Cet article pose un certain nombre de difficultés. D'abord, le fait qu'il n'y a pas de définition claire des violences sexuelles, ni d'échelle de gravité de ces violences, et encore moins de correspondance explicite entre les délits et les sanctions. Ensuite, le fait que les violences sexuelles sont interprétées au titre d'un manquement à la chasteté. L'article parle du crime sexuel comme d'un « délit contre le sixième commandement » (à savoir, « tu ne commettras pas d'adultère »). Le point qui m'intéresse est le formalisme qui caractérise ce délit.

D'après le rapport de la CIASE, le droit canon est « conçu en vue de la protection des sacrements (…) – la personne victime étant la grande absente »[1]. On le voit ici : l'article parle d'un délit contre un commandement, non contre une personne. Ce qui caractérise le délit, c'est l'infraction par rapport à la règle. Ce qui mesure sa gravité, c'est la distance qui sépare l'acte commis de la règle, non pas la souffrance subie par les personnes concernées.

Le droit canon est empreint de formalisme, et ce formalisme est nécessaire. Il est nécessaire que le droit ne puisse punir que les crimes qu'il reconnaît par ailleurs, selon l'adage *nullum crimen sine lege*. Et il est nécessaire également – je suppose, je ne suis pas spécialiste de droit canon – que la loi, le référent du délit, soit un interdit de ce type (en l'occurrence, « tu ne commettras pas d'adultère »)[2]. Mais cela n'empêche pas – et le

---

[1] Rapport de la Commission indépendante sur les abus sexuels dans l'Église (CIASE), *Les violences sexuelles dans l'Église catholique. France 1950-2020*, 2021, § 0076.

[2] Le rapport de la CIASE recommande d'ailleurs, « pour qualifier, en droit pénal canonique, les violences sexuelles commises sur des mineurs et personnes vulnérables, (de) substituer à la référence au sixième commandement (« Tu ne commettras pas d'adultère »), une référence au cinquième commandement (« Tu ne tueras pas ») » (*Ibid.*, Recommandation n° 37).

rapport de la CIASE en fait état en sa Recommandation n° 10 – que l'enseignement, dans les formations et la catéchèse, plutôt que de se focaliser sur la « matière » de l'acte, se centre sur les conséquences de l'acte pour les personnes qui le subissent, et qu'il transmette, in fine, que « le mal premier » est, non pas l'écart par rapport à la règle, mais « l'atteinte aux personnes »[1].

Comment peut-on, à notre échelle, contribuer à ce que se répande ce type d'enseignement ? En rendant courante, et la plus courante possible, dans le discours public comme scientifique, la dénomination de personne victime. Précisément parce que l'usage répandu de cette dénomination est en mesure de contribuer à ce changement de mentalités[2].

2. Considérer ensemble le délit commis et la souffrance subie

Quelle instance se trouve dans une position privilégiée pour considérer ensemble le délit commis et la souffrance subie ? Le tiers. D'abord le tiers de justice, lorsqu'elle est restaurative. Ensuite, toutes celles et ceux qui s'emparent de la question dans une visée de non-répétition. Enfin, le tiers comme lieu. Le mémorial et/ou le musée.

Je vous propose, en guise de conclusion, quelques réflexions à ce sujet.

D'abord, la différence entre le mémorial et le musée. Le mémorial a pour fonction d'amener au présent un passé pour empêcher qu'il ne tombe dans l'oubli. Il porte la voix de celles

---

[1] *Ibid.*, Recommandation n° 10.
[2] Dans son article « Abus sexuels dans l'Église et enseignement de la morale sexuelle », Jacques de LONGEAUX fait des propositions très concrètes à cet égard (Jacques de LONGEAUX, « Abus sexuels dans l'Église et enseignement de la morale sexuelle », *Revue d'éthique et de théologie morale*, 2023, vol. 2, n° 317, pp. 77-84).

et ceux qui ne peuvent parler, que ces personnes ne soient plus là pour dire leur souffrance, ou qu'elles se trouvent dans une situation qui rend très difficile cette expression. Quant au musée, le terme vient du grec *museîon*, « palais des Muses ». C'est le nom qu'a reçu le centre d'enseignement et de recherche d'Alexandrie au Ve siècle avant notre ère – centre qui abritait, entre autres établissements, la plus grande bibliothèque que le monde ait connue. Là où le mémorial transmet une mémoire, le musée, étymologiquement, expose un savoir. L'un et l'autre peuvent avoir pour objectif, implicite ou non, de rappeler le passé au présent pour le dépasser et lui offrir un nouvel avenir.

Le collectif Mémoires, violences sexuelles et abus dans les Églises fait la distinction entre le mémorial et le musée dans ses réflexions sur l'établissement d'un lieu de mémoire consacré à la pédocriminalité dans l'Église. Il entrevoit la possibilité de créer (1) un « lieu qui permette l'écriture du récit historique des violences » – qu'on pourrait rapporter à un lieu de mémoire ; et (2) un « centre de ressources et de transmission » – qu'on pourrait identifier à un lieu de savoir. Il ajoute à ces deux lieux un troisième : (3) un « lieu d'humanité » – conçu comme un espace de lamentation, de dialogue, de réflexion et de méditation.

Ces trois lieux ont des visées différentes. Pour contribuer à les clarifier, je souhaiterais tenter d'associer ces lieux aux différents registres du discours distingués par Jean-Marc Ferry dans ses travaux sur l'éthique reconstructive. A savoir la narration, l'interprétation et l'argumentation.

Le lieu du récit des violences, tant commises que subies, correspondrait au registre de la narration. La narration, c'est le registre où l'on raconte le vécu de l'événement pour faire connaître et reconnaître une histoire. Quand l'événement a provoqué une rupture dans la continuité biographique d'un individu, la narration a le pouvoir presque thérapeutique de soulager les blessures. L'important ici n'est pas de savoir si ce qui est dit a véritablement eu lieu de telle ou telle façon. Ce qui compte, c'est que ce récit soit reconnu comme ce qui parle au plus près de la personne.

Le centre de ressources et de transmission relèverait, quant à lui, de deux registres : l'interprétation et l'argumentation. L'interprétation est le registre qui donne à l'événement son sens dans un contexte, que ce contexte soit un parcours de vie personnel ou un cadre institutionnel. C'est à ce niveau qu'interviennent les explications causales qui répondent à la question du pourquoi, et éventuellement du par qui. Quant à l'argumentation, c'est le registre de la problématisation et de la justification au moyen de raisons. Ici, il ne s'agit plus de raconter un vécu, ni d'en expliquer les causes, mais de donner des raisons pour défendre telle ou telle position, par exemple, une série de réformes.

Narration, interprétation, argumentation. Lorsqu'on se trouve dans une configuration où on peut raconter un événement, en expliquer les causes et justifier des positions à l'aide de raisons, on est, toujours d'après Jean-Marc Ferry, en plein processus de reconstruction. Qu'est-ce que la reconstruction ? C'est une éthique de résolution de conflits qui vise à reconstruire une relation brisée. Le but de la reconstruction n'est pas de permettre à la relation d'être restaurée telle qu'elle existait avant la crise. Son objectif tient plutôt dans un dépassement du drame ; dépassement qui se joue dans la libération de la communication entre les parties ainsi qu'avec elles-mêmes. L'objectif est, finalement, de rendre l'avenir différent du passé.

Tel qu'il est pensé aujourd'hui, le lieu de mémoire envisagé par le collectif Mémoires, violences sexuelles et abus dans les Églises rend possible la rencontre des registres de la narration, de l'interprétation et de l'argumentation. Plus spécifiquement encore, il semble que cette rencontre est même ce qui est attendu du troisième lieu, ledit lieu d'humanité. C'est là, semble-t-il, que les visiteurs sont invités à poser tous les gestes typiques d'une reconstruction : se lamenter, écouter, méditer, essayer de comprendre, analyser, prendre position et s'engager.

Est-ce qu'un lieu de mémoire doit nécessairement solliciter l'ensemble de ces registres ? Non. On peut tout aussi bien s'en tenir au symbole. Je pense par exemple à la sculpture *Esse est Percipi* d'Ingrid Rosschaert dans la basilique de Koekelberg à Bruxelles. Cela étant, je dirais que, si un lieu de mémoire fait intervenir des récits de personnes victimes, il paraît nécessaire de les accompagner d'explications qui leur donnent sens et de positions fermes et concrètes en vue de reformes. Il s'agit là d'un geste qui honore la parole des personnes victimes en l'incluant dans une démarche de non-répétition du crime. Un geste qui, par-là, prolonge la reconnaissance des personnes victimes dans une visée de justice. Cette justice qu'on peut envisager, dans ce contexte, comme l'effort fourni collectivement pour que ces crimes, tout comme la souffrance des personnes victimes, appartiennent, eux aussi, un jour, au passé.

Mémoires en bataille.
Portée et limites d'une reconstruction entre institution, société et victimes

Valérie Rosoux

«Redoutez ceux qui vont venir, qui vous jugeront, redoutez les enfants innocents, car ils sont aussi des enfants terribles[1]. »

Ces mots de Georges Bernanos, dans *Les grands cimetières sous la lune*, résonnent aujourd'hui avec une acuité saisissante. Le romancier français écrit pourtant dans un contexte tout autre. Face à la guerre civile qui dévaste l'Espagne, il ouvre les yeux sur l'assassinat des innocents et entonne ce que d'aucuns décrivent comme le « requiem » de tous « les enfants humiliés »[2]. C'est sans doute cette sensibilité et cette attention aux enfants trompés qui fait mouche aujourd'hui. Considérant avec lui que « les souvenirs de guerre ressemblent aux souvenirs de l'enfance »[3], je propose ici de réfléchir à la possibilité même de reconstruire des liens violemment rompus.

---

[1] Georges BERNANOS, *Les grands cimetières sous la lune*, Paris, Points, 2014, p. 245.
[2] L'expression est utilisée par Michel del CASTILLO dans la préface qu'il rédige au moment de la seconde édition de l'ouvrage de BERNANOS (*ibidem*, p. XV).
[3] *Ibidem*, p. 182.

Un travail de mémoire est-il concevable après la manipulation, la trahison et souvent l'abject ? Comment renouer des liens entre celle, celui dont le corps ne fut pas respecté, l'institution qui permit les abus et plus largement l'ensemble de la société ? Comment envisager un cap, un horizon qui puissent favoriser l'élan ? Comment, en d'autres mots, sortir de l'impasse ?

Telles sont les questions qui guident la réflexion. Celle-ci repose sur une conviction : l'ampleur des abus dont il est ici question est telle que des réponses collectives semblent indispensables pour recommencer à respirer et aller de l'avant. Pour cerner la portée, mais aussi les limites de telles réponses, il est utile de garder à l'esprit la tension qui existe au lendemain de tout crime entre d'une part la mémoire et d'autre part la réconciliation. Mémoire de ce qui est arrivé, des silences étouffés. Réconciliation, que tant d'acteurs appellent de leurs vœux, en vue d'une libération, voire d'une rédemption.

L'analyse s'articule autour de trois étapes principales. La première revient sur les spécificités des violences sexuelles dans l'Église. La deuxième se concentre sur le « travail de mémoire » qui peut être entamé dans un cadre individuel et institutionnel. La troisième épingle l'une des variables les plus importantes de la démarche : la variable temporelle. Un épilogue propose un pas de côté et s'interroge sur la mémoire qui déborde.

1. Ancrage : d'une violence à l'autre

Il n'est peut-être pas inutile de signaler l'ancrage précis de cette réflexion. Je suis philosophe et politologue. Comme philosophe, je considère que les mots que nous utilisons importent. L'usage de certaines notions plutôt que d'autres signifie quelque chose. Ainsi, le titre de la journée qui est à l'origine de ce texte, se réfère aux termes « devoirs » au pluriel,

« responsabilités » au pluriel et « justice » au singulier. Seront ajoutés ici ceux de « réconciliation » et de « pardon » car ils s'imposent, souvent maladroitement, sur toutes les scènes que j'ai observées (que ce soit en Europe, en Afrique des Grands Lacs, ou encore dans les Balkans). En tant que politologue, je consacre mes recherches depuis 25 ans à la gestion du passé au lendemain de guerres et plus particulièrement aux conditions de possibilité d'un travail de mémoire. Quel que soit le contexte, c'est bien la question de « l'après » qui m'importe.

Je ne travaille donc pas tant sur les guerres en tant que telles, mais sur leurs conséquences, qu'il s'agisse de guerres internationales où l'autre est l'ennemi à combattre, de guerres civiles ou l'autre est le traître à punir, de guerres coloniales où l'autre est l'enfant à éduquer, si ce n'est le barbare à civiliser, ou de génocides où l'autre est l'animal à exterminer. Tous ces scénarios donnent à voir une violence inouïe. Ils différent certes quant au type de relations qui existent avant la violence, pendant la violence et après la violence. Mais ils demeurent tous dans un entre-deux, comme le signale le label « post-conflit » qui réunit ces lieux sortis des combats mais profondément ravagés. A l'instar des photographies de – comme le suggère l'une des photographies de l'artiste iranienne Gohar Dashti, acquise par le *MFA* Boston et qui met en scène un jeune couple pendant des drapeaux blancs le long de fils barbelés, le tout dans une région désertique qui semble circonscrite par des engins militaires au loin. Vie quotidienne et territoire miné, donc.

Au lendemain de violences politiques, nombre de voix appellent à la réconciliation. Représentants officiels, membres d'organisations non gouvernementales, chercheurs et académiques, journalistes insistent sur les voies susceptibles de mener à un rapprochement. D'autres voix, pourtant, plus feutrées, expriment une réelle amertume à l'égard de toute forme de réconciliation. Nombre de victimes survivantes ou de familles de victimes désormais disparues présentent cet objectif non pas comme évident mais comme indécent. Que faire avec ces deux attitudes ? Je propose ici de les prendre au sérieux car elles disent quelque chose de la portée et des limites de tout travail de mémoire au lendemain de violences.

Ma posture n'est donc ni cynique (la réconciliation ne serait qu'un slogan qui relève de l'air du temps et dont tous usent et abusent), ni euphorique (la réconciliation serait la formule miracle à tous nos maux). Elle se veut plus pragmatique : il ne s'agit ni de dénoncer, ni de rassurer, mais de *comprendre* : comment « ça » marche une fois les coups donnés - et reçus? Quel est l'impact des violences dans la longue durée ? Une reconstruction peut-elle avoir lieu ? Si oui, comment ?

Comme ces quelques paragraphes le laissent sous-entendre, d'énormes différences caractérisent ces scènes post-conflit et le cas de relations interindividuelles au sein de l'Église. Le point de vue présenté ici n'est donc pas celui d'une clinicienne qui travaillerait sur les effets de violences intimes. Celles-ci n'ont, à première vue, rien à voir avec à l'impact à long terme des violences politiques, souvent qualifiées de « violences de masse ». Et pourtant, la frontière entre ces deux types de contextes n'est pas aussi claire qu'elle n'y paraît.

Prenons-en pour preuve leur nombre. La publication du rapport de la Commission indépendante sur les abus sexuels dans l'Église montre que les violences épinglées ne sont pas rares et isolées. Les associations qui se sont constituées petit à petit ne représentent pas quelques individus mais une multitude de victimes qui se pensaient isolées.

La question de l'altérité est, quant à elle, plus contrastée. Dans le cas d'un conflit international, les violences sont commises par l'*autre*, le tout autre - celui qui fut souvent stigmatisé pendant des années et des décennies, au point d'incarner la haine héréditaire. Dans le cas des violences perpétrées au sein de l'Église, l'auteur est paradoxalement proche, protecteur, référence, aux antipodes de celui qui n'est dépeint que sous l'angle de sa férocité et sa cruauté. D'où l'effet particulièrement dévastateur des blessures. Ces cas de figure sont néanmoins souvent moins binaires qu'il n'y paraît. Les guerres civiles sont celles des voisins et des frères. L'autre n'est donc plus tout à fait l'autre. Il peut incarner celui qui fut aimé, cru, adoré.

Quant à la nature de la violence, les violences politiques qui sont provoquées par un conflit international ou intercommunautaire ne peuvent être réduites aux violences sexuelles, mais elles les concernent aussi. Toutes les zones ravagées par la guerre regorgent de visages et de corps abîmés, qui se dépeignent souvent comme des morts vivants, des épaves, des déchets.

Les émotions qui écrasent nombre de survivants modifient leur paysage intérieur tout entier. Une métaphore tirée de la marche en montagne est ici éclairante. Ces émotions, à commencer par l'humiliation, la honte et la culpabilité, fissurent le rocher du passé à partir duquel trouver son chemin. Chutes de pierres et crevasses menacent à tout instant l'avancée. Tous les terrains observés le confirment. Sans une forme de reconnaissance, sans marque de respect ultime, la marche est entravée[1].

---

[1] Pour d'autres développements autour de cette métaphore, voir Valérie ROSOUX, « Drames humains et réconciliation : une mémoire commune est-elle possible ? » in Annette BECKER et Stéphane TISON (dir.), *Un siècle de sites*

Les terrains considérés comme « post » conflit ne le sont souvent pas. Les armes se sont tues mais leurs déflagrations demeurent, rongeant dans l'invisible les corps et les regards. Partout, règne cette impression de fragments, épars et non « recollables ». Nombre de voix passées par la torture expliquent que leurs plaies se rouvrent et suppurent tous les matins[1]. Que la paix des armes n'empêche pas le lasso de se resserrer et d'étouffer à nouveau. Que chaque détail de la vie quotidienne soit susceptible de ranimer les hommes et les femmes « volcan » qui catapultent sur d'autres ce qui est « emmêlé, agglutiné, comme pris dans la glace »[2]. A l'instar de ces terres tâchées, les lieux dépeints par les victimes de violences sexuelles, que celles-ci aient été perpétrées pendant une guerre ou non, rejouent le passage à l'acte. Des années après les faits, les voix d'enfants précisent que « ce n'est pas fini »[3].

Que ce soit à l'échelle d'un continent, d'un pays, d'une famille ou d'une communauté, la violence laisse derrière elle une « part de nuit » qui « continue son chemin »[4]. Elle signe par-

---

funéraires de la grande guerre, Paris, Presses Universitaires de Paris Ouest, 2018, pp. 455-466.

[1] Voir en particulier Jean AMERY, *Par-delà le crime et le châtiment, Essai pour surmonter le mal,* Paris, Actes sud, 1995, p. 17 et p. 20 et Charlotte DELBO, *Auschwitz et après. I. Aucun de nous ne reviendra,* Paris, Éditions de Minuit, 1970, p. 58 et p. 180.

[2] A ce sujet, voir Maja HADERLAP, *L'ange de l'oubli,* Paris, Métailié, 2015.

[3] Neige SINNO, *Triste tigre,* Paris, P.O.L., 2023, p. 87.

[4] *Ibidem,* p. 163. La comparaison entre divers types de traumatismes est évoquée par Neige SINNO. A propos de migrants passés par les geôles de Syrie, elle écrit : « Même si on leur donne des papiers, même s'ils réussissent à atteindre l'objectif qu'ils s'étaient fixé en quittant leur pays, ils restent à jamais prisonniers de ce qu'ils vu. Je reconnais dans ces descriptions ce que j'essaie d'exprimer difficilement en ce qui concerne ma propre expérience : avoir été obligée de passer du côté obscur m'empêche jamais de pouvoir retourner à

là l'irréparable. La profondeur des traces laissées dans les corps souillés ne signifie cependant pas que tout soit joué. Le traumatisme n'empêche pas la parole et, si elle est écoutée, la reconstruction.

2. Le travail de mémoire : de l'intime à l'institution

Les dignités, bafouées par la violence guerrière ou individuelle, sont *comme* éteintes. La faille ciselée le restera. C'est pourtant là, « à partir de la faille », qu'un travail de mémoire sur le plan non seulement individuel mais aussi sociétal peut tenter de « déverrouiller l'avenir »[1]. Dans cette perspective, il importe de tendre l'oreille pour repérer le souffle des dignités en suspens. Imperceptible dans le vacarme des polémiques, ce souffle surgit telle une brise quand on s'arrête et qu'on le cherche. Rallumer la dignité implique une double démarche de la part de l'institution au sein de laquelle les abus furent commis : (1) revenir aux promesses non tenues du passé : quelles étaient ces promesses ? ; (2) s'engager pour sortir enfin du cycle des générations naufragées (après la violence, on ne compte en effet pas en années mais en générations).

Le travail de mémoire observé dans diverses instances concerne souvent quatre problématiques principales : la connaissance (« qui a fait quoi à qui ? », cette question interpellant l'historien et le juge) ; la reconnaissance (« ces faits ont eu

---

l'innocence. Est-ce que j'identifie mon calvaire à celui des migrants torturés en Syrie ? Bien sûr que non, pas plus que je ne peux comparer la cave de mon enfance à un cachot à Auschwitz. Mais les concepts pour penser la violence peuvent voyager d'un terrain à un autre » (pp. 211-212).

[1] Nicole LAPIERRE, *Sauve qui peut la vie*, Paris, Seuil, 2015, p. 131. Sur la notion de « faille » dans un tout autre contexte, voir Achille MBEMBE, *De la Postcolonie. Essai sur l'imagination politique dans l'Afrique contemporaine*, Paris, Karthala, 2005, p. XXXII.

lieu »), la responsabilité (« nous assumons ce qui doit l'être ») et la réparation (« comment pouvons-nous vous aider à tenir, à repartir ? »). Chacune de ces étapes permet de valider le récit apporté par la victime. Cette validation constitue l'un des seuls antidotes contre le poison distillé par le soupçon et la lancinante question des risques de fabulation et d'exagération. C'est cette question que la réparation, aussi limitée soit-elle, vient trancher.

Nous sommes ici très loin ici d'une conception maximaliste de la réconciliation. De passage à Washington, Kigali ou Bruxelles, j'ai souvent face à des interlocuteurs convaincus qu'« il n'y a pas de limites à la réconciliation ». Dans cette perspective, un même scénario apparaît à la fois comme trame de fond et visée ultime : un bourreau repenti demande pardon à une victime qui pardonne. La question posée n'est pas celle du *si* mais du *quand*. Les séminaires organisés dans des zones « post-conflit » par des organisations d'inspiration religieuse (américaines ou européennes) sont symptomatiques à ce sujet. Le pardon est la pierre angulaire pour « guérir » une société blessée.

Loin de moi l'idée de nier qu'au lendemain d'une guerre, nombre d'individus soient traumatisés et marqués au fer rouge. Mais le malaise grandit quand l'ensemble des acteurs, quels que soient leurs rôles propres, sont décrits comme traumatisés : les survivants bien entendu, qu'ils soient marqués dans leur chair ou dans leur entourage, les bourreaux, dépeints comme désormais apeurés et honteux, et enfin les descendants, que leurs parents soient victimes, criminels ou complices. Dans de telles conditions, la société tout entière requiert une forme de guérison. D'où l'importance cruciale des tiers appelés à « guérir » et sauver la société dans son ensemble.

L'une des conséquences de cette vision concerne la mise à niveau des victimes et des criminels, rassemblés dans un seul et même état traumatique. En témoignent notamment les paroles souvent entendues, sur le terrain ou dans des documentaires consacrés à la réconciliation : « Ils sont tous finalement plus proches que différents. Tous, victimes et agresseurs, souffrent de trauma. La façon la plus efficace de dépasser cette impasse est que tous se demandent pardon ». Et certains criminels de confirmer sans surprise le raisonnement : « Nous devons nous pardonner les uns les autres, oublier cette histoire et aller de l'avant »[1]. Tout glisse et se réduit au processus de pardon posé comme une condition *sine qua non* de la guérison. Il n'est plus ici question de responsabilités à établir ou à assumer. La question de la justice est évacuée. Tous les cas d'étude démontrent qu'aucune reconstruction durable ne peut être envisagée dans pareil scénario.

Les vingt-cinq années passées à écouter et lire les paroles des rescapés de divers crimes de masse démontrent à mes yeux que le pardon ne peut être conjugué à l'impératif. Sauf à courir le risque d'ajouter une couche de violence sur les épaules de celles et ceux qui ne l'accordent pas. Certaines et certains le choisissent. D'autres le refusent non parce qu'ils en sont incapables, mais pour des raisons morales.

---

[1] Sur ce thème, voir Valérie Rosoux, « Can NGOs do away with the 'tyranny of the past'? Strategies against memory fragmentation in Rwanda », in Eric Sangar et al., *Memory Fragmentation from Below and Beyond the State: Uses of the Past in Conflict and Post-Conflict Settings*, Londres, Routledge, 2023, pp. 225-238.

3. Des temporalités emmêlées : quand passé et présent se dévorent

Au lendemain de la violence, les mémoires se bataillent. Certains pansent leurs plaies et s'efforcent de respirer. D'autres hurlent leur rage et leur ressentiment, assoiffés d'une justice qu'ils espèrent un peu réparatrice. Ceux vers qui ils crient souvent fuient, se protègent ou se justifient. La plupart de ces batailles sont analysées sous l'angle du pouvoir, des intérêts en présence et des usages stratégiques du passé. Cette grille d'analyse est décisive mais déjà bien rôdée. Je propose ici de ne pas seulement mettre l'accent sur l'existence d'une pluralité d'intérêts divergents, si ce n'est contradictoires, mais aussi sur une pluralité de temporalités. Au lendemain de violences de masse, les temporalités propres à chaque catégorie d'acteurs sont différentes et souvent enchevêtrées.

Le temps des institutions (telles que les Commissions Vérité et Réconciliation mises en place aux quatre coins du monde depuis trois décennies) et le temps des individus diffèrent. Les plaintes déposées par les victimes sont souvent frappées du sceau de l'urgence. Après des années, voire des décennies d'attentes, les victimes attendent une réaction non différée et dénuée de toutes formes de justifications[1]. Elles portent entre leurs lignes des années de tempêtes intérieures. Elles signifient une prise de risque maximale tant la honte et la tristesse rongent. Elles se heurtent cependant à la fois aux dénis de la plupart des

---

[1] L'expression « les victimes » ne signifie nullement que leurs expériences et leurs attentes puissent être amalgamées ou standardisées. Tous les cas d'étude démontrent une grande diversité de réactions. Certaines attentes semblent toutefois communes à la plupart d'entre elles. Voir à ce sujet Michaël FOSSEL, *Le temps de la consolation*, Paris, Seuil, 2015.

agresseurs et aux résistances de la grande majorité des représentants institutionnels[1]. Nous touchons ici l'une des tensions constitutives de tout travail de mémoire.

Une fois mises en place, les institutions ne peuvent à l'inverse imposer leur rythme aux victimes. Le processus de reconstruction à l'échelle individuelle suit son propre rythme. Aucun apaisement personnel ne peut faire l'objet d'une cadence forcée. Cela ne signifie pas que les cadres institutionnels se révèlent systématiquement inopérants ou inopportuns. Mais ils ne peuvent que favoriser les conditions dans lesquelles un rapprochement peut éventuellement – et progressivement - se produire[2]. En témoigne avec force cette réflexion du cinéaste Rithy Panh au sujet des milliers de Cambodgiens qui furent torturés et exécutés dans le centre S21 à Phnom Penh : « Je ne crois pas à la réconciliation par décret. Et tout ce qui se résout *trop vite* m'effraie. C'est la pacification de l'âme qui amène la réconciliation, et non l'inverse. […] Je crois au travail dans le temps, au travail du temps »[3].

L'objectif affiché par nombre de commissions mises en place dans le but de (di)gérer la violence passée réside dans l'élaboration d'une mémoire commune. Les cas observés sur plusieurs continents tendent à montrer qu'une mémoire partagée ne peut constituer le but ultime d'une telle démarche. Si tel était le cas, toutes ces commissions se solderaient par un échec.

---

[1] A ce sujet, voir le numéro spécial de la revue *Esprit* intitulé « Justice ou réparation ? », mars 2024, n° 307, pp. 35-106 et Johann MICHEL, *Le Réparable et l'Irréparable. L'humain au temps du vulnérable*, Paris, Hermann, 2021.
[2] Voir Timothy GARTON ASH, « La Commission vérité et réconciliation en Afrique du Sud », *Esprit*, décembre 1997, pp. 44 et sv.
[3] Rithy PANH, avec Christophe BATAILLE, *L'élimination*, Paris, Grasset, 2011, p. 304 (souligné par nous).

Leur impact dépend dans une grande mesure de l'accueil réservé à l'expérience des victimes. C'est bien du droit à la plainte dont il s'agit ici. Chaque plainte est une histoire inachevée. Pour terminer ces histoires, et pour pouvoir en commencer de nouvelles, il importe d'écouter.

Sans « oui mais ». Ni interruption.

Pour entendre la mémoire respirer.

En toute humilité.

Cette qualité est précieuse car elle désarme. Elle est toutefois rare.

C'est peut-être à elle que songeait Georges Bernanos lorsqu'il expliqua sa démarche à l'égard de l'Église, éclaboussée à l'époque par le sang des républicains espagnols. Ses mots, une fois encore, paraissent rédigés pour notre temps. « S'il m'arrive de mettre en cause l'Église, ce n'est pas dans le ridicule dessein de contribuer à la réformer. […] Je ne parle pas au nom des saints, je parle au nom des braves gens qui me ressemblent comme des frères. […] Le monde est plein de misérables que vous avez déçus. Personne ne songerait à vous jeter une telle vérité à la face, si vous consentiez à le reconnaître humblement. Ils ne vous reprochent pas vos fautes. Ce n'est pas sur vos fautes qu'ils se brisent, mais sur votre orgueil »[1].

---

[1] Georges BERNANOS, *op. cit.*, pp. 113-114.

Epilogue : quand la mémoire déborde

La mémoire vivante n'est jamais stagnante. Elle s'écoule. À cadence variable. Ruisseau calme ou cascade de montagne que rien, ni personne ne peut arrêter. Elle passe d'une génération à l'autre. Quand le corps est souillé, elle inonde. Les études de cas étudiées sur tous les continents le démontrent : les infractions criminelles mènent inéluctablement à des débordements mémoriels. S'il est possible de les postposer, il est illusoire de chercher à leur échapper. Le déni dans certains cas permet de « faire comme si ». L'amnistie dans d'autres prétend tourner la page. Mais toujours cette dernière résiste. L'encre non lue se transforme en plomb, réclamant du temps et de l'attention. Loin de toute précipitation, le silence et la concentration détectent peu à peu les voix non entendues, les cris muselés, les murmures méprisés. Tous remontent à la surface.

Dans ces paysages ravagés par la violence, la mémoire ne s'est pas arrêtée. Loin des cascades aisément décelables, elle a creusé, rongé la terre et frayé son chemin. Souterraine, elle a glissé jusqu'à resurgir. Le phénomène des rivières résurgentes est saisissant. Dans un lieu que l'on pense paisible et parfois même apaisant, le large jet surgit avec une force insoupçonnée.

Telle est l'expérience observée tout au long de ces années. Remontées mémorielles, contretemps incompris, décalages insondables entre acteurs et leurs descendants. L'institution ne se réduit pas au crime. Mais elle s'y engloutit. Les abus perpétrés n'ont pas tous été recensés. Des corps attendent, flottants.

Débordés par leur passé, les individus comme les sociétés cherchent à canaliser les eaux souillées. Tous les riverains partagent un même but : dompter et apprivoiser les flots. En reculant devant la connaissance, la reconnaissance, la responsabilité, et la réparation, l'institution prend le risque d'être submergée.

Les Églises rwandaises confrontées à la mémoire douloureuse et contestée du génocide des Tutsi

Philippe Denis

Je voudrais tout d'abord exprimer mon appréciation aux organisateurs de cette journée d'étude sur les mémoires des violences sexuelles dans les Églises pour le soin qu'ils ont mis à mettre en route cet important projet. Comme beaucoup, je suis de près les accablantes révélations des dernières années sur la pédocriminalité des prêtres, diacres, religieux et personnes en lien avec l'Église catholique en France ou ailleurs. Je n'ai pas de contact direct avec des victimes de ces crimes. J'ai eu l'occasion, en revanche, de rencontrer et d'écouter des hommes et des femmes victimes, dans leur enfance ou à l'âge adulte, de violences sexuelles. Certains me sont proches, en Belgique, où je suis né et ai grandi, en Afrique du Sud, mon pays d'adoption, et au Rwanda. Je ne comprends que trop bien le mal qui a été fait. J'ai lu de longs extraits du rapport de la CIASE et de ses annexes. C'est un superbe travail dont il m'arrive de parler à des amis et collègues en Afrique du Sud. Je suis heureux de participer, certes petitement, au travail de mémoire entrepris dans la foulée de la publication du rapport de la CIASE.

1. Parallèles

Je parlerai ici d'une autre problématique mémorielle, celle de la reconnaissance ou absence de reconnaissance par les Églises rwandaises de leur responsabilité dans le génocide des Tutsi qui a causé la mort entre avril et juillet 1994 d'un nombre de personnes difficile à estimer mais qui pourrait atteindre le million. La grande majorité d'entre elles étaient des Tutsi.

Par génocide on entend, selon la définition de la Convention pour la prévention et répression du crime de génocide adoptée par les Nations Unies en décembre 1948, un crime commis dans l'intention de détruire, en tout ou en partie, un groupe national, ethnique, racial ou religieux. C'est bien de cela, selon les experts en droit criminel international, qu'il s'est agi au Rwanda.

Le génocide fut précédé par une longue période de discrimination ethnique et de massacres ponctuels de Tutsi, devenus plus nombreux après l'attaque mené en octobre 1990 dans le nord du pays par le Front patriotique rwandais (FPR), un groupe armé de réfugiés tutsi venus d'Ouganda, pour retrouver leur place dans le pays. L'élément déclencheur du génocide fut un attentat contre l'avion du président du Rwanda, Juvénal Habyarimana, le 6 avril 1994, qui lui coûta la vie. De manière euphémistique dans le discours des responsables politiques et sans mettre de gants dans les médias hutu extrémistes, se diffusa la notion que tout Tutsi était un complice du FPR et un ennemi du peuple par conséquent, et pouvait par conséquent être tué. Les Tutsi étaient massacrés pour ce qu'ils étaient et non ce qu'ils faisaient. La majorité des victimes étaient des non-combattants. Soit les autorités locales prêtaient main-forte aux tueurs, soit elles les laissaient opérer en toute impunité. Une grande partie des massacres eut lieu – dans des églises, des bâtiments municipaux ou des stades – durant les trois semaines qui suivirent l'attentat contre l'avion du président. Ils se poursuivirent jusqu'à la mi-juillet, quand l'armée du FPR acheva la conquête du pays, provoquant l'exil en Tanzanie et au Zaïre de deux millions de personnes, essentiellement des Hutu, poussés en avant par les dirigeants déchus et les exécuteurs du génocide.

Comme l'a souligné Alison Des Forges, une directrice de recherche de Human Rights Watch, dans un ouvrage qui a fait date[1], il ne fait pas de doute que l'armée du FPR a aussi commis des crimes durant cette période, dans un contexte d'extrême tension et de chaos institutionnel et politique, mais le nombre et la responsabilité du commandement sont difficiles à établir. Ils ne relèvent cependant en aucune manière d'une intention génocidaire.

La mémoire du génocide des Tutsi est contestée, y compris dans l'Église catholique, la plus ancienne et la plus influente Église au Rwanda, et dans les autres Églises du pays[2]. Les associations de rescapés, l'État rwandais et de nombreux amis du Rwanda s'attachent à maintenir vivante la mémoire du génocide par des commémorations et autres événements mémoriels pour aider les rescapés à guérir et faire en sorte qu'il ne se reproduise jamais. D'autres acteurs sociaux, dans le monde académique et les Églises notamment, sans nier à proprement parler le génocide, en minimisent la portée, insistant, d'une

---

[1] Alison Des Forges, *Aucun témoin ne doit survivre. Le génocide au Rwanda*, Fédération internationale des droits de l'homme et Human Rights Watch, 1999.
[2] Sur cette question je renvoie à mon propre ouvrage : *The Genocide against the Tutsi and the Rwandan Churches. Between Grief and Denial*, Woodbridge, James Currey, 2022. La traduction française : *Le génocide des Tutsi et les Églises rwandaises. Entre deuil et déni*, Paris, Karthala, 2024.

façon unilatérale, sur d'autres crimes de masse selon eux aussi importants que le génocide des Tutsi, si pas plus. Sous leur plume, le débat sur la gouvernance dans le Rwanda d'après 1994, qui pourtant ne change rien à la réalité du génocide, occupe tout l'espace, conduisant à l'oblitération de l'événement génocidaire. On a quelquefois l'impression que le mot génocide leur brûle les lèvres.

Mon hypothèse est qu'il existe de nombreux parallèles entre la gestion de la mémoire du génocide des Tutsi et celle des violences sexuelles dans les Églises. Ces deux processus mémoriels concernent des situations très différentes mais ils ont des points en commun. Le plus frappant concerne le silence des Églises. Á aucun moment les Églises rwandaises n'ont dénoncé comme tel le programme d'extermination massive des Tutsi qui se déroulait pourtant devant leurs yeux. Alignées sur la position des autorités politiques qui mettaient en œuvre le génocide, elles se sont contentées d'appeler à un cessez-le-feu entre les Forces armées rwandaises (FAR) et l'armée du FPR. Que le nom ait été prononcé ou pas à l'époque peu importe : le génocide était nié. Il fut certes aussi nié par de nombreux responsables politiques à l'étranger, en particulier en France, mais cela ne change rien à la responsabilité des Églises.

Deuxièmement on a observé pendant le génocide ce que je propose d'appeler une instrumentalisation de la religion : les tueurs invoquaient le nom de Dieu, du Christ ou de Sainte-Vierge. Certains tuaient le chapelet en main et ils allaient à la messe ou au culte après avoir fait couler le sang. Les auteurs de violences et leurs victimes étaient des voisins ou même des parents qui souvent fréquentaient les mêmes lieux de culte.

Un troisième parallèle est le fait que la complicité, passive ou active, des prêtres, des pasteurs et des évêques a été largement niée dans l'institution ecclésiale après le génocide, comme si le fait d'être un ministre de religion vous rendait automatiquement innocent. Un nombre significatif d'hommes et femmes d'Église accusés par des rescapés d'avoir joué un rôle actif dans le génocide furent exfiltrés du Rwanda par des missionnaires et accueillis dans des pays tels que la France, la Belgique ou l'Italie sans qu'on leur pose de questions. Plusieurs furent condamnés par le Tribunal pénal international du Rwanda à Arusha ou d'autres juridictions mais la plupart passèrent en-dessous du radar.

Un dernier parallèle est la tendance chez les défenseurs des Églises à discréditer le témoignage des rescapés en les accusant de réagir de façon émotionnelle ou de parler sous la pression du FPR, le parti au pouvoir au Rwanda depuis 1994. Leur parole n'est pas prise au sérieux. Il y eut certes des faux témoignages lors des procès mais quiconque a écouté des rescapés sait que le plus grand nombre d'entre eux dit la vérité.

2. La responsabilité des Églises

La question de la responsabilité des Églises n'est pas simple : on trouve des chrétiens parmi les bourreaux, les opposants et les victimes. Il faut éviter les jugements globaux. Il reste que les Églises ont une part de responsabilité dans le développement de l'idéologie qui a conduit au génocide et dans le déroulement du génocide lui-même. Pour utiliser les catégories du philosophe allemand Karl Jaspers dans *La faute allemande* (1945), on dira que la responsabilité des Églises rwandaises dans le génocide des Tutsi n'est sans doute pas pénale, ni politique, mais assurément morale. L'Église presbytérienne au Rwanda l'a reconnu d'une façon remarquablement nette lors d'un synode général en décembre 1996, et l'Église catholique d'une manière certes plus ambigüe mais néanmoins significative lors de la célébration du Jubilé en l'an 2000, sans parler de la demande de pardon sans condition exprimée par le pape François lors d'une audience avec le président rwandais Paul Kagame en mars 2017.

Le génocide des Tutsi s'explique par des facteurs socio-économiques et militaires, l'attaque du FPR contre le Rwanda en octobre 1990 en particulier, mais ces facteurs n'expliquent pas tout : une guerre civile ne déclenche pas nécessairement un génocide. Plus déterminant est le facteur idéologique : sans ce qu'on a appelé la théorie hamitique, c'est-à-dire la notion développée par des explorateurs, des agents coloniaux et des missionnaires lors de la période coloniale qu'il existait au Rwanda deux groupes radicalement opposés, les Tutsi, venus de l'étranger, imbus de leur supériorité et dominateurs, et les Hutu, vrais Rwandais, traités comme des esclaves par les premiers, le génocide n'aurait pas eu lieu. Les médias extrémistes hutu ne cessèrent d'en appeler à l'extermination des Tutsi pour éviter un « retour à l'esclavage ».

Les missionnaires ont joué un rôle déterminant dans l'élaboration et la diffusion de ce schéma binaire, privilégiant, dans un premier temps, les Tutsi, considérés comme plus développés. Ils l'ont renforcé au moment de la Révolution sociale rwandaise en 1959, à la veille de l'indépendance du Rwanda, quand, sous la double autorité du gouvernement colonial belge et de l'Église catholique, le pouvoir passa soudainement du *mwami* (roi), qui était tutsi, et de son entourage au Parmehutu, un mouvement d'émancipation pro-hutu. Sous Grégoire Kayibanda, le premier président du Rwanda (1962-1973), le catholicisme était pratiquement une religion d'État. Sous son successeur, Juvénal Habyarimana (1973-1994), la collusion entre l'Église et l'État demeura forte, avec cette fois un soutien marqué de l'État aux Églises protestantes. Sauf exceptions, responsables catholiques et protestants ne dénoncèrent pas comme tels les massacres de Tutsi exécutés par des agents de l'État ou avec leur complicité en 1959 et les années suivantes, en 1973 et de 1990 à 1994. Ils se contentèrent de déplorer les violences sans mettre en cause la responsabilité, pourtant évidente, de l'État.

Même si le conflit qui a abouti au génocide des Tutsi ne concernait en rien la religion, celui-ci a une dimension religieuse. Des croyants ont tué d'autres croyants. Pire, ils les ont tués, en grand nombre, dans des lieux de culte, commettant ainsi un sacrilège. Ils ont abattu des prêtres et des pasteurs qu'ils connaissaient en prétendant, sans aucune preuve, qu'ils étaient « complices » du Front patriotique rwandais (FPR). Comme relevé plus haut, les symboles religieux ont été abusivement utilisés par les tueurs, Dieu, le Christ et la Vierge Marie étant mobilisés au service de la cause hutu extrémiste. « Dieu vous a abandonné les Tutsi », disaient souvent les tueurs, sous-entendant que Dieu avait pris cause pour eux comme s'il y avait un dieu pour les Tutsi et un dieu pour les Hutu.

Des responsables ecclésiastiques ont participé au génocide soit en s'abstenant d'utiliser l'autorité morale dont ils disposaient pour arrêter des massacres qui, clairement, visaient des non-combattants, soit en véhiculant le discours qui légitimait le génocide des Tutsi. Si les Églises avaient prononcé une parole claire sur le caractère ouvertement discriminatoire du conflit, il est probable que les autorités, dont beaucoup se reconnaissaient comme chrétiennes, auraient hésité à stigmatiser les Tutsi et les appels au meurtre lancés par les Hutu extrémistes auraient trouvé moins d'échos.

En même temps il convient de noter que des croyants ont sauvé des vies. Beaucoup de fugitifs ont reçu logement ou nourriture de Hutu compatissants, dont beaucoup étaient membres d'une Église. Certains de ceux-ci sont morts pour avoir refusé d'obtempérer aux injonctions des tueurs. Sans ces opposants pour la plupart anonymes, le nombre de victimes, déjà énorme, aurait été plus élevé encore.

3. Minimiser ou nier le génocide

Une fois l'armée gouvernemental vaincue et les responsables du génocide enfuis au Zaïre ou ailleurs en compagnie de centaines de milliers de citoyens ordinaires qui leur servirent de bouclier humain, les Rwandais demeurés au pays s'attelèrent à la reconstruction du pays sous l'égide d'un gouvernement d'unité nationale dirigé par le FPR. Autant les dirigeants ecclésiastiques en exil, très liés à l'ancien gouvernement et à son armée, adoptèrent une attitude de déni, autant ceux restés en place, catholiques autant que protestants, reconnurent que leurs Églises avaient failli et que le travail d'évangélisation au Rwanda, jadis présenté comme modèle, n'était, apparemment en tout cas, que de façade. Bon nombre de chrétiens, surtout parmi ceux qui restèrent au Rwanda, ont ainsi reconnu sans hésitation la gravité du génocide des Tutsi et se sont attelés à la reconstruction de leurs Églises, désormais discréditées, sur une nouvelle base.

Pas tous cependant. Au Rwanda même, dans les camps de réfugiés jusqu'à la fin de l'année 1996 et en Europe ou aux États-Unis, une minorité sans doute limitée mais vocale minimisa, voire dissimula, la réalité du génocide, en mettant l'accent sur les manquements du nouveau gouvernement rwandais. Ils développèrent à outrance l'idée d'un « équilibre » entre le génocide des Tutsi, dont ils admettaient l'existence du bout des lèvres, et les crimes attribués au FPR, selon eux plus importants, avant, pendant et après le génocide. Certains diffusèrent des chiffres extravagants de victimes hutu. Pour justifier l'absence de preuves, ils recouraient à l'argument, inspiré de la théorie hamitique, que, pervers et malins comme ils sont, les Tutsi avaient le talent de dissimuler efficacement leurs forfaits.

Au Rwanda, même la hiérarchie catholique refusa d'employer le mot génocide jusqu'en avril 1995. La nonciature apostolique maintint une posture de confrontation contre le gouvernement jusqu'en 1998, s'opposant aux compromis acceptés par les évêques sur la transformation de certaines églises en mémoriaux du génocide. Dans les camps de réfugiés la tonalité était la même chez beaucoup de dirigeants ecclésiastiques en exil parmi lesquels Phocas Nikwigize, l'ancien évêque de Ruhengeri, qui avait déclaré en plein génocide, dans une lettre au cardinal Etchegaray, que « se préoccuper des seuls Tutsi ne fait qu'attiser et réanimer des haines et des vengeances ethniques. » En juillet 1994 à Bukavu, un Père Blanc belge, Philippe de Dorlodot, s'illustra en employant, sans doute la première fois sous la plume d'un homme d'Église, le terme « double génocide », faisant écho sans aucune distance critique à la propagande des organisateurs du génocide réfugiés dans les camps. « Il y a deux génocides au Rwanda qui est détruit par les extrémismes des deux bords, écrivait-il. Il y a le génocide perpétré par certaines autorités, des militaires et les Interahamwe. […] Il y a aussi le génocide – dont on ne parle pas – celui perpétré par le FPR dans les zones occupées.[1] »

Si la congrégation des Missionnaires d'Afrique se caractérisa par une diversité de vues sur le génocide des Tutsi, certains de ses membres se distinguèrent par une véritable

---

[1] Philippe de DORLODOT, *Les réfugiés rwandais à Bukavu au Zaïre*, Paris, Harmattan, 1996, p. 88.

obsession anti-FPR qui les conduisit à minimiser ou à nier l'ampleur du génocide. Le plus connu était le Belge Serge Desouter, très lié aux milieux socio-chrétiens flamands, qui organisa une controffensive médiatique en juin 1994, alors que des Tutsi continuaient à être massacrés au Rwanda. En octobre 1994 il soutint, lors d'une réunion à Bukavu, la création d'un mouvement politique hutu dirigé par François Nzabahimana qui proposait le retour au pouvoir de Théodore Sindikubwabo, le vice-président du gouvernement intérimaire dont les propos activèrent le zèle des génocidaires en avril 1994 à Butare.

Une autre façon de nier le génocide, très répandue dans les milieux catholiques européens, français, belges et italiens notamment, consista à accueillir les bras ouverts, sans jamais poser de questions, les prêtres ou religieux poursuivis par la justice rwandaise ou internationale pour faits de génocide. C'est comme si le fait d'être prêtres les exonérait automatiquement de toute culpabilité. Beaucoup de ces prêtres trouvèrent un emploi dans des diocèses européens. Un exemple est Athanase Seromba, ce prêtre qui autorisa l'emploi d'un bulldozer pour massacrer des milliers de Tutsi dans son église de Nyange avant de continuer son ministère, sous un faux nom, dans la région de Florence. Arrêté finalement, il fut jugé coupable de génocide au Tribunal pénal international du Rwanda à Arusha et condamné à la perpétuité.

4. Comprendre le déni

Comment comprendre la persistance du déni du génocide dans les Église ou plutôt, soyons précis, dans certains secteurs des Églises ? Je dis cela en pensant à la question des violences sexuelles dans les Églises. Là aussi il y a un déni qui interroge.

S'agissant du Rwanda, une première cause possible du déni est le pouvoir des stéréotypes. J'ai parlé de la théorie hamitique. Dans le discours public, celle-ci est largement discréditée. Des historiens et des anthropologues ont démontré son caractère fallacieux dès les années 1970. On n'écrit plus que les Tutsi sont venus d'Éthiopie ou d'Abyssinie. Tel était pourtant le discours de la tristement fameuse Radio Télévision Libre des Mille Collines (RTLM) lorsqu'elle diffusait, jour après jour, des appels aux meurtres. Mais il existe ce que j'appelle une version *soft* de la théorie hamitique. Elle consiste à dire que les Tutsi, ceux du FPR par exemple, sont et resterons toujours des gens perfides, assoiffés de pouvoir, manipulateurs de l'opinion internationale. Leur participation à un gouvernement est donc nécessairement illégitime. J'ai entendu ce discours plus d'une fois dans la bouche de prêtres diocésains et de missionnaires lors de la campagne d'entretien que j'ai menée au Rwanda et en Europe entre 2015 et 2020.

Liée à ce stéréotype est l'idée, très présente par exemple chez Mgr André Perraudin, évêque à Kabgayi de la fin des années 1950 aux années 1980, que la question « raciale » – comme il la désigna fameusement dans un mandement pastoral en février 1959 – était une question de justice sociale. Les Hutu ayant été opprimés pendant des siècles, ainsi allait l'argument, il était du devoir des chrétiens de prendre fait et cause pour eux. L'aveuglement de certains responsables ecclésiastiques face aux dérives du gouvernement Habyarimana jusqu'en avril 1994, puis du gouvernement intérimaire pendant le génocide pourrait trouver là, selon moi, une explication.

Un autre facteur possible est la notion qu'un prêtre (ou un pasteur) ne peut, par définition, être impliqué dans un crime. Dans un ouvrage intitulé *La souffrance de l'Église à travers son personnel : massacre, emprisonnements et expulsions d'ouvriers apostoliques (1995-2002)*.[1] Joseph Ngomanzungu, un ancien secrétaire général adjoint de la Conférence des évêques catholiques du Rwanda, passa en revue tous les cas prêtres et religieux emprisonnés pour génocide. On sait qu'un certain nombre d'entre eux avaient absorbé sans critique la propagande hutu extrémiste durant leurs années de séminaire entre 1990 et 1993 et qu'ils ont participé activement, comme Athanase Seromba par exemple, au génocide. Pourtant, à en croire Ngomanzungu, tous étaient innocents et, dans tous les cas, leur arrestation abusive.

Cette attitude n'est pas rare dans l'Église catholique. La parole d'un prêtre compte plus que celle d'un rescapé du génocide. J'ajouterai que, selon l'information à ma disposition, pas un seul prêtre arrêté, condamné et détenu pour génocide n'a reconnu la moindre responsabilité. Tous sont en déni.

J'en viens, pour conclure, à la question de la responsabilité de l'Église institutionnelle – et pas seulement des prêtres ou pasteurs impliqués dans les massacres – dans le génocide des Tutsi. Ce sujet est très débattu. L'Église presbytérienne au Rwanda est la seule Église rwandaise qui ait reconnu sa responsabilité en tant qu'Église – par son silence – dans le génocide. Certaines Églises n'ont fait, à ce jour, aucune déclaration. Les évêques catholiques rwandais ont fait la moitié du chemin. Ils ont admis des erreurs et des manquements mais n'ont jamais reconnu la responsabilité de l'Église catholique comme telle dans le génocide pour avoir diffusé pendant des décennies des stéréotypes mortifères, pour avoir maintenu pendant plus de trente ans des liens très étroits avec le gouvernement qui a

---

[1] Kigali, 2002.

finalement orchestré le génocide et pour ne pas avoir dénoncé le génocide alors qu'il se déroulait devant eux.

Je suis de ceux qui pensent que la paix et la réconciliation ne seront possibles au Rwanda que quand tous les secteurs de la société auront pleinement reconnu la réalité du génocide des Tutsi et auront fait à ce propos un vrai travail de mémoire. Que le Rwanda actuel ait d'autres problèmes à résoudre, cela ne fait pas de doute. Mais refuser de faire mémoire du génocide au nom de ces problèmes est une erreur. Cette attitude renforce les clivages et empêche le pays de considérer sereinement l'avenir.

Vigilance langagière et émergence de la parole

Marie-Rose Boodts

Les personnes qui nous ont parlé ce matin nous ont dit des choses fondamentales par rapport au travail de mémoire. Je voudrais avant de laisser la parole à Véronique Garnier et à Francis Salembier revenir sur quelques points évoqués dans la matinée.

En premier lieu la question du vocabulaire. On parle très souvent de façon rapide de « victimes », et je pense qu'il faut être précis sur les mots de la même façon que Philippe Denis évoquait le déni ou le mésusage des mots « guerre » et « génocide ». Si on hésite sur les mots, on hésite sur les choses, on les maltraite et on les déforme. Veillons à ne pas parler des victimes mais des personnes victimes, car ce n'est pas une identité qui les définit. Soyons vigilants et précis sur les mots que nous utilisons, que ce soit pour les guerres, les génocides, les personnes victimes, la pédocriminalité et à sa référence au commandement : « Tu ne tueras point » ! Être victime, ce n'est pas une identité, c'est un événement, un traumatisme majeur dans une histoire, une souffrance qui impacte toute la vie. Mais la vie déborde largement cet événement et guérir, réparer ce qui est réparable, reconnaître ce qui ne l'est pas d'une certaine manière, c'est vivre avec une cicatrice et avec cette blessure sans y rester bloqué.

Dans cette introduction au débat, je voudrais aussi remercier Laetitia Atlani-Duault qui a parlé ce matin et vous invite à lire l'article de *La Croix* qui reprend les grandes lignes de son intervention[1].

Ainsi que Valérie Roseau qui a évoqué toutes les étapes et la nécessité de prendre en compte le temps nécessaire pour relire ce qui est arrivé, le temps psychique, le temps pour comprendre, le temps pour parler. Entre le moment où on sort du silence, où on arrive à parler, le moment où il y a une reconnaissance des événements et celui où peut-être on pourra témoigner de ce qu'on a vécu, (tous d'ailleurs ne le souhaitent pas), il peut se passer des années. La parole est difficile parce qu'elle doit émerger de la solitude de la personne. Quand quelqu'un arrive à parler, il a déjà fait un grand travail psychique. Je le vois comme thérapeute, comme psychanalyste, quand quelqu'un fait une démarche de thérapie, il a déjà effectué un travail préalable énorme qui lui permet d'advenir à une parole publique.

Mon rôle cette après-midi, c'est de faire un lien, de faciliter les échanges et l'expression de vos témoignages. Je vous passe la parole Véronique et Francis.

---

[1] Alice D'OLÉON, « A memorial for clergy abuse survivors is a must, says advocate, » https://international.la-croix.com/news/ethics/a-memorial-for-clergy-abuse-victims-is-a-must-says-advocate/18645.

Assumer son passé pour se relever et faire mémoire aujourd'hui

Véronique Garnier

Pour commencer, j'aimerais dire qu'il ne suffit pas de faire des journées de réflexion sur les abus sexuels dans l'église, ou au sujet des victimes, ou même des personnes victimes sans qu'elles ne soient là ! Donc, je voudrais vous remercier parce qu'aujourd'hui, nous sommes plusieurs à être là, pas seulement dans la salle, mais aussi à avoir porté, préparé, réfléchi à cette question, pas seulement pour aujourd'hui, mais pendant toute cette année et demie de travail de notre Groupe Mémoire. Il y a eu d'autres groupes de travail post-CIASE, où des personnes victimes étaient présentes : on ne parlait pas seulement d'elles, mais elles y participaient pleinement. En effet, il est nécessaire qu'on soit là, sinon on va être objet de votre réflexion : on a été objet de plaisir de certains, et on ne veut plus être objet, on veut être sujet.

Moi aussi j'aime bien les mots et leur sens précis. J'aime bien parler des personnes qui ont été victimes : la CIASE a parlé de victimes devenues témoins, et je peux dire qu'après témoin, on peut devenir acteur ; pas acteur comme celui qui joue la comédie, mais acteur comme celui qui agit. Lors de formations à Orléans, on emploie ce terme : « acteur de protection ». Partout où l'on se trouve, que l'on ait été victime ou non, on peut être « acteur de protection ». Il y a une progression avec ces mots :

victimes, témoins, acteurs. On n'en est pas tous au même point et ce n'est pas grave ! Comme témoin, je me dis parfois que je ne suis pas seulement témoin de ce que j'ai vécu, mais aussi, je suis témoin de ma foi, quand je le peux.

Dans ce que j'ai entendu ce matin, quelque chose m'a frappée : on a dit « on nous a fait croire que rien n'est impossible à Dieu ». Vous avez tous entendu cela : rien n'est impossible à Dieu. Un jour, j'ai entendu quelqu'un répondre : « Si, il y a une chose impossible à Dieu, c'est de faire que ce qui est arrivé ne soit pas arrivé ! » Quand j'ai entendu cela, j'ai été bouleversée parce que moi, j'aurais tellement voulu que ce qui m'est arrivé ne soit pas arrivé : j'aurais pu devenir une autre personne, différente, si cela ne m'était pas arrivé ! Je remercie la personne qui avait répondu cela car j'ai ainsi pu comprendre que Dieu n'y pouvait rien, il ne pouvait rien empêcher des agressions que j'ai subies.

Alors, je pense que Dieu n'est pas aussi tout puissant qu'on a voulu nous le faire croire. Je me demande où est ce Dieu qui ne peut empêcher le mal qui arrive ; qui est-ce Dieu ? Ce n'est pas celui que je croyais ! Alors j'ai dû faire le deuil du Dieu de mon enfance, ce Dieu tout-Puissant, et j'ai même dû lui pardonner, de m'avoir abandonnée. Le Christ aussi s'est senti abandonné. Je me suis sentie abandonnée par Dieu, et j'ai dû faire le deuil de ce Dieu-là. Alors j'ai découvert le Dieu de Jésus, celui qui est proche de tous ceux qui sont éprouvés.

Que faire de ce passé encombrant, douloureux, comme un gros fardeau que l'on transmet à ses enfants … ? Je voudrais ne pas le transmettre à nos petits-enfants … Il n'y a qu'une solution, c'est de l'assumer, le regarder en face et l'assumer. On nous parle de l'Assomption, le 15 août, Marie qui monte au ciel. J'ai découvert qu'il y a une autre assomption, l'assomption de notre passé, en particulier quand il est douloureux et difficile. Quand on l'assume, petit à petit, on peut se relever, on peut reprendre le cours d'une vie, mais pas la même, pas comme si on n'avait pas vécu cela. Nous assumons notre passé, voilà ce que nous, personnes victimes, nous apprenons à faire ; c'est individuel, c'est personnel mais nous nous entraidons. C'est peut-être aussi un chemin pour l'église : ne pas seulement parler de l'Assomption du 15 août, mais assumer aussi peu à peu cette histoire, son histoire douloureuse qui nous amène à faire le deuil d'un Dieu tout-Puissant, aussi le deuil d'une église parfaite, d'une société parfaite, qui n'existe pas ici-bas .

Ce matin, j'ai été très touchée d'entendre les différents parallèles qu'a fait Philippe Denis :

Une partie des personnes refuse d'employer le mot viol. Dans le droit canonique, le mot « viol » est employé pour le viol du secret de la confession. Mais quand il s'agit du viol de mineurs, il est écrit « relations sexuelles avec des mineurs ». Quand on dit à un canoniste « Avec des enfants, ça n'existe pas, il s'agit de viol, » il répond « *cum* » en latin ça veut dire avec ! Oui, c'est vrai, mais ça ne suffit pas, ce n'est pas un argument ! Il est écrit aussi « relations sexuelles consenties ou non consenties ». Alors j'ai demandé au canoniste comment s'appelle une relation sexuelle non consentie : cela s'appelle un viol ! Ils ne veulent pas l'écrire : il faut dire les mots, les vrais mots !

Les églises n'ont pas dénoncé le génocide.

Il y a instrumentalisation de la religion. On nous a fait croire beaucoup de belles choses. Les prêtres sont toujours *a priori* innocents, oui ? Eh bien non ! Le témoignage des survivants est jugé suspect d'office par certains. C'est encore exactement la même chose aujourd'hui.

Le silence. Il y a ce proverbe : « La parole est d'argent, mais le silence est d'or. » Pour nous, personnes victimes, c'est le contraire ! Le silence a été un tombeau : on nous a ensevelis dans le tombeau du silence, et quand on peut parler, comme aujourd'hui, on roule la pierre du tombeau ... Mais alors, aidez-nous à mettre le pied dans l'ouverture, car il y a des personnes qui veulent refermer cette pierre, pour nous enfermer de nouveau dans le tombeau du silence ! Aujourd'hui, nous sommes de plus en plus nombreux à parler, mais s'il vous plaît, aidez-nous à ne pas laisser rouler la pierre pour nous ensevelir de nouveau, par tous les moyens possibles, les médias, des conférences, des livres, des paroles dans vos familles. S'il vous plaît, ne nous laissez pas de nouveau être enfermés dans le silence ! Il y en a qui aimeraient tourner la page. Maintenant, ce n'est pas possible, il ne faut pas !

Il s'agit d'une double négation. Certains évoquent les « pauvres prêtres » qui souffrent beaucoup, même les évêques, parce que ceci ou cela ... Oui, il y a une souffrance de toute l'église, mais on ne peut pas mettre à égalité ces souffrances avec ce que les personnes victimes subissent. On peut s'entraider à supporter les souffrances. On peut peut-être même aider les évêques à porter leur fardeau, mais on ne peut pas toujours et encore pervertir, mettre à l'envers les choses qui devraient être plutôt à l'endroit !

Il y a donc une fracture mémorielle. En effet, il y a ceux qui croient, ceux qui ne croient pas, ceux qui chipotent les chiffres. Puis, il y a ceux qui veulent se concentrer sur le débat sur la gouvernance : il faut réformer la gouvernance de l'église. Et petit à petit, on glisse, on oublie pourquoi exactement on doit réformer la gouvernance.

Comment terminer l'histoire et déverrouiller l'avenir ? Cela me touche beaucoup car je voudrais faire cela pour ma propre famille ! Je voudrais déverrouiller l'avenir pour ma famille, car j'ai transmis des peurs à nos enfants et je voudrais tant ne pas les transmettre à nos petits-enfants ; pour certaines choses c'est déjà trop tard … Mais je fais tout pour qu'on puisse retrouver la liberté, qu'ils puissent être libres de mon passé.

Faire mémoire, ce n'est pas regarder vers le passé, mais c'est assumer ce passé pour qu'au présent, en étant présent au présent, on puisse préparer un avenir meilleur. Donc c'est très important de faire mémoire. Il y a une urgence. Il y a une tension terrible entre l'église et nous. C'est la tension du temps : pour nous, il y a une urgence vitale, parce qu'il y a danger de mort. Et puis d'autres enfants peuvent mourir à leur tour… C'est donc une urgence vitale. Mais l'église a tout son temps. Alors, évidemment, on va toujours être en tension. Mais on continue. La mémoire, c'est maintenant. On doit commencer concrètement à faire mémoire maintenant. Nous devons tout faire pour que tous ces crimes sur des enfants, sur des adultes, ne continuent, ne recommencent pas.

Merci beaucoup de m'avoir donné la parole.

Contribuer à la mémoire par le témoignage

Francis Salembier

Tout d'abord, je voudrais vous demander d'imaginer un iceberg. Mais, pourquoi vous proposer cette image ?

Aujourd'hui, vous nous voyez tous les deux, Véronique et moi-même, un peu comme la partie émergée de l'iceberg … Mais vous savez que la partie immergée est souvent huit fois plus importante. Cette partie immergée, pour moi, cela représente l'ensemble des personnes victimes qui n'osent pas encore parler, qui ne veulent pas parler.

Réfléchissant à ce que j'allais vous partager, je me suis dit que je pouvais revenir dans l'état où j'étais, lorsque j'étais sous l'eau, comme la partie immergée de l'iceberg.

Je vivais des moments difficiles et, un jour, j'ai repéré dans un livre cette citation de René Char, poète et résistant : « *Vous l'avez assommé avec un bâton. Non, avec un secret.* » Depuis, cette citation m'habite en permanence : elle est vraiment révélatrice de ce que je vivais comme beaucoup de personnes victimes. La difficulté de s'exprimer ! On est un peu groggy !

Je vous propose, dans un premier temps de vous relater deux évènements de ma vie. Je vous les relate d'abord, puis je les relirai avec vous, en nous aidant de la définition du mot « mémoire » donnée par le dictionnaire Robert.

Le premier événement, se passe en janvier 2014. Je vous donne les dates pour mieux les situer, parce que, depuis, j'ai cheminé … Je participe alors à une session proposée par Fondacio qui s'appelle « Retraiter sa vie ». Une journée était consacrée à sa relation avec Dieu et l'Église. Au cours du partage en petits groupes, je m'effondre en larmes, incapable de parler. L'animateur me prend à part et je lui confie alors ce que j'avais vécu à l'âge de dix ans au collège. Il me fait rencontrer une psychologue qui accueille mes premières confidences.

À la fin de cette même journée, d'autres propositions de groupes de partage étaient faites et, à la demande de mon épouse, nous nous joignons à un groupe évoquant la vie du couple au moment du passage en retraite.

Un premier couple témoigne, d'abord la femme, puis le mari. Au bout de vingt secondes, j'ai eu l'intuition que cet homme allait relater une histoire similaire à la mienne. J'attends la fin de son exposé. Je quitte la salle, je n'en pouvais plus ! Je suis revenu à la fin de cette réunion, car je voulais expliquer à cet homme pourquoi j'avais dû sortir : « Tu as raconté quelque chose de similaire à ce que j'ai moi-même vécu. » (l'émotion est encore présente). L'homme me répond : « Est-ce que je peux te prendre dans mes bras ? » Pour chacun de nous, c'était la première fois que nous rencontrions, en réel une autre personne-victime ! Et j'entends, derrière moi, mon épouse me dire : « Encore ton histoire ? »

Deuxième événement : en août 2018, le pape François avait publié une lettre au Peuple de Dieu sur les abus sexuels dans l'Église[1]. En même temps, il invite tous les présidents des conférences épiscopales dans le monde à Rome, début 2019. Le pape François insiste pour qu'ils rencontrent auparavant des personnes victimes.

---

[1] FRANÇOIS, *Lettre au peuple de Dieu*, 20 août 2018.

Je voyais mon évêque depuis février 2014 et je lui ai alors proposé ceci : « Si cela peut être utile, je suis d'accord pour aller voir Monseigneur Pontier, alors président de la Conférence des évêques de France. » Le rendez-vous est organisé par mon évêque, et à la demande de Mgr Pontier, je rédige un aide-mémoire.

Je n'avais jamais encore écrit mon histoire ! Au moment de décrire les faits subis, impossible de les écrire, je me contente de mettre un astérisque pour renvoyer à deux extraits de témoignages pris chez nos voisins suisses : le premier, extrait du livre du père Joël Pralong *Les larmes de l'innocence* et le deuxième, sur un site internet présentant des témoignages de personnes-victimes[1]. Ces deux témoignages décrivaient exactement ce que j'avais moi-même vécu, mais je n'étais pas capable d'utiliser mes propres mots ! Il fallait que je me serve des mots d'autres personnes !

Quelle est la définition de la mémoire donnée par le dictionnaire Robert ? « Faculté de conserver et de rappeler des choses passées et ce qui s'y trouve associé. » Ce que j'avais vécu était bien en moi, mais la faculté de le rappeler, c'était impossible. Le dictionnaire Robert évoque également la mémoire informatique comme un dispositif permettant de recueillir et de conserver les informations ; mais encore faut-il y accéder ! Dans ces deux évènements, j'avais finalement eu besoin de l'aide d'autres personnes victimes !

C'est à l'occasion de cette rencontre avec Mgr Pontier que j'ai fait la connaissance de Véronique Garnier, présente à mes côtés. Quelques semaines plus tard, elle m'appelait pour me demander si j'acceptais de venir participer à des rencontres entre

---

[1] Éditions des Béatitudes, 2015.

évêques et personnes victimes. J'ai pris conscience que je pouvais apporter moi-même mon propre vécu, ma propre mémoire.

C'est pour ces mêmes raisons que j'ai accepté d'être auditionné par la CIASE. Dans un paragraphe du livre *De victimes à témoins*, j'ai ainsi retrouvé quelques-uns de mes propos, de manière totalement anonyme[1].

Contribuer à la mémoire, ce fût aussi le sens de mon acceptation à venir témoigner avec d'autres, à l'assemblée des évêques à Lourdes, en novembre 2021, juste après la publication du rapport de la CIASE.

Cette assemblée a été marquée par le temps mémoriel et le temps pénitentiel du samedi 6 novembre 2021 ainsi que par la décision de constituer l'Instance nationale indépendante de reconnaissance et de réparation (INIRR) et la Commission de reconnaissance et de réparation (CRR) par la Conférence des religieux et des religieuses de France (CORREF).

C'est par toutes les contributions des personnes victimes, de plus en plus nombreuses ces dernières années, que d'autres personnes victimes ont pu, à leur tour, sortir de leur silence, et que l'Église catholique a pu entreprendre des démarches concrètes de reconnaissance et de réparation.

---

[1] *Témoignages adressés à la Commission indépendante sur les abus sexuels dans l'Église. De victimes à témoins*, 2021.

Accueillir la parole des personnes victimes en paroisse

Marie-Pierre Cournot

Il est difficile de prendre la parole après toutes les passionnantes interventions du monde académique et ces paroles poignantes de personnes qui ont subi ces agressions sexuelles et ces viols dans l'Église.

Moi je ne suis ni l'une ni l'autre : je suis protestante, je suis pasteure. J'imagine que peut-être vous vous demandez ce que je fais là et quel est mon rapport avec la question. Dans tous les cas, je me sens très concernée par la question.

Ma paroisse de l'Église protestante unie est une communauté de taille moyenne dans le 14e arrondissement. Il y a deux ans, quand le rapport de la CIASE est sorti, j'ai beaucoup entendu : « Oh là là, vous avez vu ce qu'ils font dans l'Église catholique ? Ben nous, pas de problème. On est protestants. »

Je me suis beaucoup demandé, mais qu'est-ce que j'aurais fait, moi ? Qu'est-ce que je ferais, moi, si j'étais dans la peau de toutes ces personnes qui ont su mais qui n'ont rien fait, qui n'ont rien dit ? Cela m'a beaucoup interpellé, et plusieurs fois dans les cultes du dimanche matin, devant tous mes paroissiens, j'ai prié pour toutes les personnes qui avaient subi des agressions sexuelles et des viols dans l'Église. J'ai prié aussi pour l'Église catholique, pour qu'elle trouve le courage de se réformer. J'ai prié pour les protestants, pour que jamais ils ne pensent qu'ils ne seraient pas concernés par les violences sexuelles, que chacun se rappelle qu'on est tous concernés chaque fois qu'on blesse un être humain, car nous sommes tous des êtres humains.

Quelques mois après le la sortie du rapport de la CIASE, une de mes paroissiennes que je connais très bien, d'un âge certain, avec qui je fais beaucoup de choses, vient me voir. Elle est assez perturbée et me raconte qu'une autre de mes paroissiennes, que je connais très bien aussi, lui a confié un épisode d'agression sexuelle dont elle avait été victime il y a des dizaines et des dizaines d'années.

Je ne savais pas quoi faire avec cette confidence. Que faire avec le récit de cette amie ? Cela a été le début d'une grande réflexion que nous avons eue, elle et moi, sur ce qu'on allait en faire. Alors évidemment, il y a la partie pastorale et le soutien individuel : tout cela s'est mis en place, mais cela ne me paraissait pas assez.

J'avais tout de suite pensé que ma responsabilité, c'est d'annoncer l'Évangile et d'annoncer l'Évangile au monde. Pour moi, l'Évangile, c'est une parole de libération. Je suis là pour dire que Dieu avec son fils Jésus, notre Christ, est là pour venir là où on est, nous prendre la main et porter nos détresses. Moi aussi, il faut que j'aille vers les gens qui ont des détresses. Je ne leur demande pas de laisser leur détresse à la porte de mon temple le dimanche matin. Je ne suis pas là pour les gens qui vont bien ou les gens qui n'ont pas de fardeau, même si probablement tout le monde en a un. Il n'y a pas un vestiaire à l'entrée de mon temple en disant prière de laisser son fardeau là.

Avec ma paroissienne, nous avons beaucoup réfléchi et on s'est dit que cette parole, il fallait qu'on l'accueille en tant qu'Église. Petit à petit est venue l'idée qu'on allait faire un culte dédié aux personnes qui ont subi des agressions sexuelles et des viols. Bien sûr cette histoire qu'une paroissienne avait racontée à une autre paroissienne n'avait rien à voir avec l'Église. Ça ne s'était pas passé dans l'Église, il y avait pas d'histoire d'Église, mais ce n'est pas une raison pour que ça reste en dehors de l'Église, au contraire. Je veux dire, comme le reste, ça doit pouvoir entrer dans l'Église. On entre entier, on entre en tant que personne dans l'Église avec ce qu'on porte.

On a donc imaginé ce culte. C'était un culte de paroisse, un dimanche matin, on n'a pas voulu que ça soit un culte de soir, dans une petite salle. Non, c'était le culte de toute la paroisse. On l'a annoncé quelques semaines à l'avance car on ne voulait pas non plus que les gens puissent se sentir pris au piège. Donc, on l'avait annoncé et puis voilà, on l'a fait. Dès l'accueil, dès les premiers mots du culte, j'ai dit c'est un culte un peu particulier ce dimanche matin parce qu'il est dédié aux personnes qui ont subi des agressions sexuelles et des viols. Tout le culte va être orienté et tourné, peut être offert à ces personnes-là pour pouvoir les accueillir. J'ai justifié le fait qu'on arrive dans une église comme on est et que c'est comme cela qu'on nous accueille. C'est exactement ce que Dieu fait : Dieu nous accueille tous, comme nous le sommes.

La prédication, dans un culte protestant, c'est le moment le plus important, donc c'était vraiment orienté autour. J'ai eu énormément de mal à choisir un texte biblique qui parlait d'agression sexuelle parce qu'il y en a trop ! Finalement, j'ai choisi le récit de Suzanne dans le livre de Daniel, ce qui était assez intéressant parce que le livre de Daniel, ce n'est pas un livre qui est dans les Bibles protestantes. C'était une façon aussi de dire qu'on ne va pas rester juste dans notre petit contexte protestant et on va s'ouvrir. Toutes les prières étaient aussi orientées. On a eu des moments de prise de parole spontanée des personnes qui étaient là.

Ce culte est disponible sur notre chaîne *YouTube*, c'est un des cultes les plus regardés[1]. On a eu beaucoup de retours de de personnes qui ont été très touchées, très émues qu'on puisse faire ça. Pour terminer, je dirais que maintenant on a un problème. On n'arrive pas pour l'instant à trouver ce qu'on va en faire pour que cela ne reste pas quelque chose d'isolé ? Est-ce qu'on refait la même chose ?

Je suis vraiment heureuse que vous m'acceptiez aujourd'hui avec vous. Cette journée me donne des tas d'idées pour essayer de transformer cet essai dans quelque chose qui pourrait peut-être s'inscrire dans le temps.

---

[1] Église protestante unie de France. Paroisse de Montparnasse-Plaisance. Culte dédié aux victimes d'agression sexuelles et de viol du 22 mai 2022 : https://www.youtube.com/watch?v=rtFCqHGJd2M.

Deuxième partie

Le pouvoir de guérison des récits de survivants : favoriser la responsabilité, la justice et l'espoir

Gerald J. McGlone, SJ.

Observons un moment de silence.

Souvenons-nous de toutes les personnes dont nous honorons la voix et l'histoire dans notre silence.

Je vous en remercie.

Je voudrais remercier tout particulièrement les membres du groupe Mémoire pour leur travail acharné, ainsi que Katherine Shirk Lucas, son mari Damien Lucas et leur fils Charles Lucas de m'avoir aidé et de nous avoir aidés à honorer les voix qui ont été et sont toujours ignorées et réduites au silence dans l'horreur persistante des violences sexuelles commises par des membres du clergé dans l'Église catholique. Merci de nous permettre de partager nos récits.

La recherche que je vous présente aujourd'hui s'inscrit dans un projet beaucoup plus large à l'université jésuite de Fordham à New York intitulé « *Taking Responsibility. Jesuit Educational Institutions Confront the Causes and Legacy of Clergy Sexual Abuse* »[1]. Je tiens à remercier les directeurs de ce projet dont les principales conclusions mettent en évidence plusieurs

---

[1] « Prendre ses responsabilités. Les institutions éducatives jésuites confrontées aux causes et à l'héritage des violences sexuelles commises par le clergé » https://takingresponsibility.ace.fordham.edu/final-report/.

questions très importantes. Le *Berkley Center* de l'université de Georgetown a organisé une série d'événements dans le cadre de notre programme *Towards a Global Culture of Safeguarding*. Ce projet a servi de base aux recherches menées dans le cadre d'une série de seize webinaires et événements intitulée « *Telling and Preserving the Stories of Survivors* ». Nous avions interviewé Jean-Marc Sauvé dans le cadre d'une série distincte sur le rapport de la CIASE et ses implications[1].

1. Comment en suis-je arrivé à cette recherche ?
Prise de conscience de mon histoire

Mon travail sur la crise des violences sexuelles dans l'Église catholique a commencé dans les années 1990, alors que j'étudiais la psychologie clinique à l'université. Un professeur a attiré mon attention sur des violences sexuelles commises par des membres du clergé catholique en Louisiane, ce qui m'a amené à commencer des recherches sur le sujet, tout en travaillant dans une clinique qui accompagnait des adolescents délinquants sexuels dans le système pénitentiaire. J'ai obtenu mon diplôme en 2001 en pensant, comme la plupart des gens, que ma thèse resterait sur une étagère poussiéreuse. Mais la série *Spotlight* du quotidien *Boston Globe* sur les violences sexuelles du clergé dans l'archidiocèse de Boston a commencé à paraître au début de l'année 2002, faisant de la question un sujet urgent au niveau national, voire international. Comme je venais de terminer une thèse intitulée *Caractérisation et analyse du clergé catholique romain délinquant sexuel et non délinquant*, je me suis intéressé encore plus aux violences sexuelles commises par le clergé.

---

[1] « What Happened in France?»
https://berkleycenter.georgetown.edu/events/what-happened-in-france.

Au cours de mes études supérieures, le sujet des abus du clergé est devenu personnel pour moi. J'ai commencé à consulter un thérapeute - une démarche courante pour les psychologues en formation - et j'ai pris conscience de la relation abusive que j'avais vécue avec le prêtre jésuite qui était mon professeur principal au lycée, le directeur des vocations et le directeur-adjoint des novices alors que je faisais les premiers pas vers la prêtrise. J'avais aimé et respecté cet homme, mais j'ai commencé à voir que cette relation avait comporté des abus physiques, spirituels, émotionnels et sexuels. Mon agresseur m'avait fait subir un véritable lavage de cerveau en me faisant croire que ce qu'il m'avait fait était normal. Cela faisait partie d'être un homme, de ce que cela signifiait d'être un jésuite. Il m'a fallu de longues années de thérapie pour comprendre comment j'avais été manipulé, comment j'avais subi un véritable lavage de cerveau, comment j'avais été utilisé par cet homme. J'ai appris que j'avais besoin de connaître mon histoire pour guérir. Cette connaissance est à l'origine de cette recherche.

Les traumatismes récents et passés, multiples et complexes, m'ont obligé à apprendre et à écouter différemment, à faire mon deuil et à confronter mon agresseur et l'ordre religieux qui le protégeait et lui donnait les moyens d'agir. Plus important encore, j'ai appris à ne pas laisser ni un homme, ni une institution, déterminer ma foi, ma vocation et mon existence dans ce monde, ainsi que ma capacité à exprimer l'horreur, les défis, la guérison et l'espérance.

La pandémie, la nécessité de faire face à mon propre racisme et à notre impérialisme blanc - en particulier notre histoire à l'université de Georgetown où nous sommes confrontés à la possession et à la vente des femmes, des hommes et des enfants réduits en esclavage, les récents scandales qui ont ébranlé les jésuites dans de nombreux pays et régions me laissent à vif et très déterminé à parler face aux injustices et à la perpétuation intergénérationnelle des traumatismes et des systèmes d'abus dans la Compagnie de Jésus et dans l'Église catholique. C'est dans le tissu génétique même de ce que nous sommes. J'espère que mon histoire et les histoires que vous écoutez vous permettront de guérir et d'espérer.

2. L'enfant et la personne vulnérable exclus de la réflexion théologique

Les enfants et les personnes marginalisées ne sont ni vus, ni entendus. Nelson Mandela a affirmé : « La sûreté et la sécurité ne sont pas le fruit du hasard ; elles sont le résultat d'un consensus collectif et d'un investissement public. Nous devons à nos enfants, les citoyens les plus vulnérables de notre société, une vie exempte de violence et de peur. »

En tant qu'étudiant en théologie dans les années 1980, je n'ai eu aucun cours sur la théologie de l'enfant. Dans le cadre de mes recherches, j'ai demandé à des membres du clergé catholique en activité ou récemment ordonnés s'ils avaient suivi des cours sur les enfants. Ils ont répondu par la négative. Des théologiens de renom ont reconnu l'absence d'une théologie de l'enfant pleinement développée. Les implications du fait de ne pas apprécier l'existence et la réalité d'un enfant pourraient être à l'origine de nombreux problèmes et maux de longue date au sein des communautés ecclésiales et religieuses et dans de nombreuses sociétés. D'une certaine manière, le fait de ne pas comprendre l'importance de l'enfant reflète notre manque de compréhension lorsqu'il s'agit, par exemple, de considérer le sort d'autres peuples marginalisés : les femmes, les peuples indigènes et les personnes de couleur.

On peut se demander comment il se fait qu'après tous ces siècles d'écrits et de recherches théologiques, nous n'ayons pas réussi à faire et à voir ce qui était essentiel dans l'enseignement de Jésus. On peut facilement constater comment l'enfant était pour Jésus le paradigme de l'humilité, de la vulnérabilité, de l'impuissance et l'exemple d'un vrai disciple : « Appelant un enfant, il le plaça au milieu d'eux et dit : "En vérité je vous déclare, si vous ne changez et ne devenez pas comme les enfants, non, vous n'entrerez pas dans le Royaume des cieux. Qui accueille en mon nom un enfant comme celui-ci m'accueille moi-même[1]. » Il a placé l'enfant au centre de son enseignement, au centre de son royaume, il nous a demandé de devenir comme cet enfant. Comment avons-nous pu - et pouvons-nous encore - ne pas voir cet enfant ?

Ce manque de vision historique et doctrinale est mis en lumière aujourd'hui. Le Vatican a récemment précisé que la doctrine de la découverte n'était pas un enseignement officiel de l'Église catholique[2]. Ce concept juridique a été utilisé à des fins politiques, coloniales et impérialistes et ne faisait pas partie de la doctrine catholique. Les réactions des communautés indigènes sont importantes. Elles soulignent que cette interprétation est difficile à comprendre lorsque l'on voit non pas une, mais **trois** bulles papales validant le colonialisme, le racisme et les mauvais traitements infligés aux autochtones, aux Premières nations et aux peuples indigènes. Ces experts considèrent que cette doctrine est au fondement des internats pour les

---

[1] Matthieu 18, 2-5.
[2] Note conjointe des Dicastères pour la culture et l'éducation et pour le Service du développement humain intégral sur la « Doctrine de la Découverte » https://www.humandevelopment.va/fr/news/2023/nota-congiunta-sulla-dottrina-della-scoperta.html.

Amérindiens, les Premières nations, les Australiens et les Irlandais. Historiquement, on peut discuter des détails des doctrines, mais il est clair que les gouvernements et les missionnaires étaient habilités et encouragés à convertir ces « sauvages » et ces « païens ». Les enfants ont été particulièrement victimes de cette vision qui a entraîné des traumatismes intergénérationnels, un racisme systémique, un privilège blanc, une objectivation systémique. Toutes ces conditions reposent sur le fait de considérer l'autre comme déficient, défectueux, comme un objet, comme issu d'une autre caste qui transcende les croyances, les cultures, les pays et les époques.

Il y a six ans, l'université de Georgetown a commencé à se pencher sur son passé d'esclavagiste et sur l'horreur de la traite d'êtres humains par des prêtres jésuites en 1838 pour sauver l'université de l'effondrement financier. Le Centre d'étude de l'esclavage et de ses héritages tente de mettre en lumière la manière dont une doctrine religieuse peut être instrumentalisée pour vendre et réduire en esclavage des êtres humains[1]. Comme le rapporte le Centre, « il y a un gouffre », écrivait Frederick Douglass en 1845, entre le christianisme proprement dit et la « religion esclavagiste de ce pays ». L'une est « bonne, pure et sainte », l'autre corrompue et malfaisante, « le summum de toutes les erreurs de langage, la plus audacieuse de toutes les fraudes ». « Nous avons des voleurs d'hommes pour ministres, des abuseurs de femmes pour missionnaires et des voleurs d'enfants pour membres d'Église », écrit Douglass. Pour lui, comme pour d'autres Africains-Américains : « le péché de l'esclavage est intolérable, la complicité des chrétiens impardonnable ».

---

[1] Center for the Study of Slavery and Its Legacies https://gcssl.georgetown.edu/.

Cette citation m'a rappelé la messe de réconciliation organisée à Georgetown avec des descendants d'esclaves, au cours de laquelle le père Timothy Kesicki, SJ, a déclaré : « Dans un sens, tous les jésuites des États-Unis sont les descendants des jésuites qui ont pris la décision de détenir des esclaves et, dans ce cas, de les vendre. Nous ne considérons pas cela comme leur péché, mais comme *notre* péché. » Dans son homélie, T. Kesicki a rappelé : « Lorsque nous nous souvenons qu'avec ces 272 âmes (parmi lesquelles se trouvaient de nombreux nourrissons et jeunes enfants), nous avons reçu les mêmes sacrements, lu les mêmes Écritures, dit les mêmes prières, chanté les mêmes hymnes et loué le même Dieu. Comment nous, la Compagnie de Jésus, n'avons-nous pas vu que nous formions tous un seul corps dans l'Église ? Nous avons trahi le nom même de Jésus qui a donné son nom à notre société[1]. » En tant que jésuite, à l'université de Georgetown, je dois accepter, discerner et admettre ce que signifie être un descendant de propriétaires d'esclaves et ce que je/nous pourrions faire pour changer.

La trahison, l'abandon et l'objectivation pure et simple de l'enfant sont au cœur d'une autre calamité historique plus récente - l'atrocité des violences sexuelles de ces dernières années. Ce phénomène mondial soulève de sérieuses questions sur la manière dont le système de croyances catholiques et les conceptions du pouvoir ont contribué à ces réalités criminelles. Il convient de s'interroger sur une autre injustice : Quel traitement l'Église catholique, cette communauté ecclésiale et ce système - ses dirigeants, ses responsables financiers et ses avocats - ont-ils subi pour traiter leur « maladie », à savoir le silence, la complicité, le déni, les dissimulations répétées, les mensonges, le

---

[1] https://www.jesuitseast.org/press-release/society-of-jesus-apologizes-for-the-sins-of-jesuit-slaveholding-at-georgetown-university-liturgy/.

secret, les privilèges et la trahison ? La première étape de toute guérison et de tout rétablissement est d'admettre que j'ai un problème, que je suis malade et que j'ai besoin d'aide. Où sont cette humilité et l'expression d'un besoin de conversion ?

Cette atrocité, toujours ancienne et toujours nouvelle, dans de nombreux pays, appelle une réponse différente. En tant que soignant et chercheur, nous essayons de travailler avec une compréhension de base : vous ne pouvez pas changer quelque chose si vous ne savez pas ce qu'il y a. À l'avenir, il est essentiel d'étudier, d'analyser et de voir ces atrocités du point de vue des survivants. Les survivants - les voix des enfants, des personnes de couleur, des descendants et des survivants d'abus - nous enseignent chaque jour le courage, la grâce, la résilience et la souffrance rédemptrice dans leur trahison et leur abandon. Entendre les victimes placerait les enfants au centre, et nous serions obligés de les comprendre à un niveau plus profond que ce n'est le cas actuellement. Si nous pouvions simplement être présents, accompagner et écouter leurs histoires, peut-être que la transformation culturelle, le changement et l'espoir seraient alors possibles.

Comme l'a dit le père Richard Lennan : « La voix des survivants devient donc non seulement un appel à la compassion de la communauté ecclésiale, mais aussi à sa conversion ... il est important d'être attentif aux voix des invisibles ... que les membres de l'Église ont tendance à éviter[1]. » L'écoute authentique exige une réforme active.

« Amen, je vous le dis, si vous ne vous convertissez pas et ne devenez pas comme des enfants ... »

---

[1] https://www.ncronline.org/news/there-need-regular-conversion-church-theologian-says.

3. L'atrocité permanente, historique et mondiale des violences sexuelles dans l'Église catholique

Le scandale des violences sexuelles dans l'Église catholique exige une critique et une analyse multidimensionnelles et systémiques. Au lieu des mots si souvent utilisés pour décrire cette situation comme un « scandale » ou une « crise », les termes préférés pour décrire cette réalité dans cette présentation sont uniques : « l'atrocité permanente, historique et mondiale des violences sexuelles ». Chaque mot dément la réalité. Comme nous le voyons dans les actualités d'Espagne, de Bolivie, de Rome et de nombreuses parties du monde, c'est « en cours ». Typique de la théologie et de la réalité catholiques, il s'agit d'une réalité à la fois permanente et historique, vieille de plusieurs siècles. Il s'agit d'un problème mondial ... ce n'est pas un problème américain, ce n'est pas un problème français, c'est un problème mondial. Il s'agit de violences - l'atrocité des violences sexuelles. C'est une horreur qui doit nous indigner pour les vivants et les morts, pour ceux qui ont été blessés et dont l'âme a été assassinée.

Si nous utilisons le mot « crise », nous avons tendance à penser à des réalités, des solutions ou des remèdes immédiats et rapides. Le terme « scandale » fait trop souvent référence à l'institution et exclut les survivants de l'équation et du tableau. L'atrocité mondiale permanente à laquelle nous devons faire face implique des années - voire des siècles - de négligence criminelle et d'échecs systémiques. La réparation de cette blessure exigera également une attention et une sensibilité soutenues qui pourraient conduire à un modèle de changement culturel, voire à une nouvelle réforme sur plusieurs années et décennies. Ce sont des réalités systémiques qui ont provoqué ce scandale ; des solutions systémiques doivent nous conduire sur la voie de l'avenir.

Trop souvent, les experts de tous bords du spectre politique et ecclésial se contentent de réponses simples et apparemment directes. « Il faut que le clergé soit marié ; nous avons besoin de plus d'hommes priants et orthodoxes ; il suffit de débarrasser l'Église des homosexuels ; les femmes prêtres résoudraient tout ce gâchis ». La présente recherche tente de combler un vide dans ce type d'analyses et de discussions simplistes, voire conflictuelles. J'espère qu'elle ouvrira de nouvelles perspectives en proposant une analyse systémique du point de vue des survivants et qu'elle permettra d'espérer des solutions pour l'avenir.

Il est évident que depuis le tout début, l'Église catholique n'a cessé d'échouer dans sa réponse à ce scandale parce qu'elle n'a pas écouté et n'a pas fait preuve de sens pastoral. Elle n'a pas fait passer ses enfants en premier. Au contraire, le système ecclésial a agi à la manière typique d'un prédateur sexuel. En d'autres termes, l'Église catholique a « préparé » ses responsables à protéger l'institution, à garder le silence et à cacher et protéger les agresseurs en déplaçant le « problème ». Elle a minimisé et nié les préjudices et les souffrances des victimes.

L'approche adoptée dans le présent texte est également très simple et s'appuie sur une approche scientifique de base : on ne peut pas changer quelque chose si on ne sait pas ce qui existe. Si nous voulons être des agents de changement dans l'Église, nous devons commencer par diagnostiquer toute l'étendue de la maladie. En gardant cela à l'esprit, nous pourrons alors chercher et connaître les différents moyens de soigner une Église blessée. Il s'agit d'une atrocité permanente. Soyons très clairs à ce sujet.

4. La méthodologie de l'étude des récits des survivants

En résumé, cette étude a tenté de déterminer la meilleure façon de raconter le récit d'un survivant de violences sexuelles commises par le clergé et de mesurer l'effet de cette histoire sur les niveaux de pratiques religieuses, de bien-être spirituel et de trahison institutionnelle, ainsi que sur certains aspects de la blessure morale. Les résultats préliminaires indiquent que le visionnage d'une histoire (vidéo) semble être le plus efficace, mais que la combinaison du visionnage, de l'écoute et de la lecture d'une histoire est également très efficace. La lecture d'une histoire écrite semble également avoir un effet positif. Contrairement à la croyance populaire, les pratiques religieuses ou spirituelles n'ont pas changé, mais sont restées les mêmes pour ceux qui ont vu l'histoire d'un survivant. Plus important encore, les niveaux de bien-être spirituel ont augmenté, tandis que les niveaux de trahison institutionnelle et certains aspects du préjudice moral ont diminué. Ces résultats préliminaires indiquent que l'exposition aux récits des survivants pourrait être un moyen important d'accroître la guérison et le bien-être spirituel tout en diminuant le sentiment de trahison institutionnelle et de blessure dans les communautés qui luttent pour savoir comment aller de l'avant avec l'atrocité actuelle et continue des abus sexuels commis par des membres du clergé. Les implications pour les futures formations éducatives et catéchétiques semblent être significatives.

Les récits sont l'outil le plus puissant dont nous disposons pour améliorer la compréhension de questions complexes et susciter l'engagement à leur égard. Bien les raconter peut conduire à des changements de croyance et de comportement. Les pratiques narratives ont une longue histoire et des résultats positifs ont été cités dans la guérison de diverses formes de traumatismes. Des études suggèrent que l'utilisation de récits personnels peut désamorcer la violence et les traumatismes et favoriser les processus de réconciliation. Il est primordial de rencontrer et d'écouter les différentes histoires. Pour certains, il s'agit de raconter leur souffrance, leur colère et/ou leur douleur. Pour d'autres, c'est différent. Une étude récente de Julia Chaitin propose que l'on cesse de raconter uniquement les préjudices subis par les survivants et que l'on s'oriente vers des récits de réflexion et un chemin vers la guérison[1]. Après des décennies de réponses inadéquates de la part des responsables de l'Église, les chercheurs s'accordent sur la nécessité d'aborder le scandale du point de vue des survivants. Les voix et les histoires des survivants doivent être entendues, connues et visibles.

Cette étude démontre que les récits des survivants de violences sexuelles commises par des membres du clergé peuvent constituer un élément important du processus de soin des blessures. Elle montre comment ces récits pourraient faire partie du nouveau tissu de l'enseignement de l'Église catholique ou de la catéchèse de base à l'avenir. L'objectif est de déterminer la meilleure façon de raconter l'histoire d'un survivant et de mesurer l'effet de cette histoire sur le sentiment de trahison institutionnelle, les pratiques religieuses et le bien-être des individus.

Dans cette étude nationale en ligne réalisée d'avril 2022 à septembre 2022, les participants d'un échantillon représentatif ont été invités à choisir entre deux options pour visionner les récits des survivants - visionner une seule version d'un récit (3

---

[1] J. CHAITIN, « 'I need you to listen to what happened to me' : Personal narratives of social trauma in research and peace-building, » *American Journal of Orthopsychiatry,84*(5),475–486
https://psycnet.apa.org/doiLanding?doi=10.1037%2Fort0000023.

à 5 minutes) ou les quatre en même temps (18 à 20 minutes). Ils ont également rempli des questionnaires avant et après le visionnage. En outre, une sélection préalable approfondie a été nécessaire afin de s'assurer qu'aucun participant ne serait traumatisé à nouveau en visionnant une histoire de violences sexuelles. Des formulaires de consentement éclairé ont été nécessaires, et les participants n'ont pas été autorisés à participer sans en avoir un. Les histoires utilisées étaient des versions éditées d'histoires réelles racontées lors des événements organisés à l'université de Georgetown et qui étaient dans le domaine public.

L'édition des récits était un aspect essentiel de l'étude. Un assistant diplômé a été chargé de cette tâche et a acquis des compétences dans ce domaine. L'histoire a été éditée de manière à respecter les contraintes de temps et à fournir la structure essentielle de toute histoire - un début, un milieu et une fin. En outre, il a été jugé essentiel d'indiquer quel aspect de l'histoire était à la fois blessant et utile.

Le temps à consacrer au recrutement des participants a été un facteur important et a limité l'ensemble des données (la présélection, la lecture, l'acceptation et la signature d'un consentement éclairé ont pris en moyenne 15 minutes). Les participants ont également eu la possibilité de déterminer si le fait de voir (format vidéo), de lire (format écrit) ou d'écouter (format audio) (1) une histoire courte (2 à 3 minutes) ou (2) une histoire longue (5 minutes) était le plus efficace. La première option (1) nécessitait une participation totale de 30 à 35 minutes, tandis que la deuxième option (2) nécessitait 45 minutes (chaque option comprenait une enquête préalable et une enquête postérieure qui prenaient 15 minutes chacune).

5. Les principales conclusions de l'étude des récits

Plus de 270 participants se sont inscrits et 158 ont terminé l'étude. Le choix des options s'est avéré presque égal : 52 % des participants ont choisi l'option 1 et 47 % l'option 2. La vidéo a semblé être la plus efficace. En outre, les résultats des tests des scores obtenus avant et après l'enquête ont révélé qu'il existait des différences significatives dans les niveaux de préjudice moral et de trahison institutionnelle parmi les participants, quelle que soit la forme sous laquelle l'histoire était racontée.

Cela signifie que les histoires ont pu atténuer ces réalités chez ces personnes, offrant un moyen de soin qui n'avait pas été sérieusement envisagé auparavant. Les valeurs < p. ou les niveaux de signification étaient assez élevés pour ces variables. En outre, ces récits n'ont pas diminué la fréquentation des Églises ou les pratiques de prière. Ils ont au contraire renforcé le sentiment de bien-être spirituel des participants. La recherche indique donc que les récits des survivants peuvent aider les individus à guérir lorsqu'ils ont été blessés et trahis, en particulier dans cet échantillon où plus de 80 % des participants ont déclaré avoir survécu à une forme quelconque de violence sexuelle.

Sur les 158 personnes qui ont participé à cette étude nationale, 59,8 % ont déclaré être des hommes, 39,5 % des femmes et 0,7 % ont préféré ne pas se prononcer. 73,3 % des participants étaient blancs non hispaniques, 15,5 % étaient noirs non hispaniques, 6 % étaient asiatiques, 1,7 % appartenaient à une ethnie non répertoriée, 1,7 % étaient mixtes, 0,9 % étaient latino-hispaniques et 0,9 % préféraient ne pas le dire. 81 % des participants étaient âgés de 21 à 40 ans. 87 % des participants étaient titulaires d'une licence ou d'un diplôme supérieur. 83,2 % des participants ont subi une forme ou une autre d'abus (sexuel, physique, émotionnel ou négligence), tandis que 16,1 % n'ont déclaré aucun antécédent d'abus. 72,3 % des participants se sont déclarés catholiques, 23,2 % chrétiens, 0,6 % musulmans, 0,6 % bouddhistes et 2,6 % sans religion. Plus généralement, 89,7 % des participants ont déclaré pratiquer activement leur religion, tandis que 10,3 % ont déclaré ne pas la pratiquer. Il ne semble pas y avoir de différences entre les sexes, que ce soit avant ou après l'enquête. Quel que soit le format vu, entendu ou lu, les niveaux d'adaptation religieuse sont restés les mêmes, tandis que le bien-être spirituel a augmenté dans les quatre formats ainsi que dans les versions écrites. Il semble que le visionnage d'une histoire ait diminué les niveaux de trahison institutionnelle et de blessure morale ressentis au sein de cet échantillon. Les résultats de l'étude suggèrent également que toutes les formes de récits prises ensemble - lecture, visionnage et écoute - ont été tout aussi efficaces.

Les données démographiques de l'échantillon sont impressionnantes et novatrices : un grand pourcentage des survivants de cette étude pratique encore leur foi catholique, ont un niveau d'éducation élevé, sont principalement de race blanche non hispanique, et un fort pourcentage d'entre eux ont déclaré avoir été victimes d'abus. Ces points ne sont pas sans limites. Les résultats indiquent toujours une voie nouvelle et inexplorée vers la guérison dans la communauté catholique romaine. Le fait de présenter des histoires aux individus ne leur porte pas préjudice, car cela ne diminue pas leur assiduité ou leurs pratiques religieuses, mais permet au contraire une plus grande guérison à bien des égards, notamment en réduisant les aspects du préjudice moral, en diminuant la trahison institutionnelle et en augmentant leur bien-être spirituel. Enfin, nous avons demandé à tous les participants de décrire en quoi l'histoire était efficace : vous verrez que nous avons également catégorisé ce que le terme « efficace » signifiait pour les participants : utile, significatif, inspirant, mémorable et précieux.

1. Le format vidéo dans lequel les spectateurs peuvent à la fois voir et entendre la personne raconter son histoire avec ses propres mots semble être le plus efficace par rapport aux autres formats avec de multiples variables.

2. Après avoir interagi avec les histoires, on a constaté des différences significatives dans les niveaux de préjudice moral et de trahison institutionnelle parmi les participants, quelle que soit la forme sous laquelle l'histoire était racontée. Cela signifie que les histoires ont pu atténuer ces réalités chez ces personnes, offrant un moyen de guérison qui n'avait pas été sérieusement envisagé auparavant. Les valeurs < p. ou les niveaux de signification étaient assez élevés pour ces variables.

3. Le fait de s'engager dans l'écoute de ces histoires n'a pas diminué la fréquentation de l'Église, les croyances ou les pratiques de prière, et a plutôt augmenté le sentiment d'enracinement spirituel chez les participants.

4. Dans l'ensemble, la recherche indique que les récits des survivants peuvent aider les individus à guérir lorsqu'ils ont été blessés et trahis par l'institution, en particulier dans cet échantillon où plus de 80 % des participants ont déclaré avoir survécu à une forme quelconque d'abus et qu'ils pratiquaient toujours leur foi. Il est intéressant de noter qu'au départ, il ne semblait pas y avoir de différence entre les survivants et les non-survivants, ni entre les hommes et les femmes. L'amélioration semble se produire dans les deux groupes aux mêmes niveaux.

La voie à suivre pourrait être d'accepter les histoires difficiles. On peut imaginer comment les récits de survivants, lorsqu'ils sont bien construits, avec la sécurité toujours à l'esprit, pourraient être intégrés dans le tissu des cours ou de l'enseignement au collège et au lycée, dans les formations universitaires ou diocésaines, et dans la catéchèse de cette communauté de foi à l'avenir. Si nous acceptons l'hypothèse selon laquelle un changement culturel, systémique et institutionnel est nécessaire, la justice réparatrice pourrait exiger que l'on se concentre à nouveau sur les récits qui nous permettent d'entrer dans la douleur, le mal et la blessure afin de trouver la guérison rédemptrice, la justice, la responsabilité et l'espoir.

Les recherches futures pourraient partir de ces possibilités, de ces réalités, et tenter de recruter un groupe de participants non survivants et non pratiquants, un groupe de survivants clercs ou non clercs, et un échantillon qui englobe des données démographiques plus étendues, notamment en ce qui concerne l'âge, le sexe, l'appartenance ethnique et les communautés marginalisées.

Enfin, les experts ont suggéré que le besoin le plus important aujourd'hui est celui d'une vaste et nécessaire conversion personnelle, systémique et organisationnelle[1]. Les données recueillies dans le monde entier sont très claires. Il s'agit d'un problème complexe, systémique et multidimensionnel. Les solutions ou les interprétations simples ne sont d'aucune utilité et pourraient bien faire plus de mal. Tragiquement, les échecs personnels des responsables reflètent trop souvent la pensée, les croyances et les comportements offensants des agresseurs. En un sens, il s'agit d'une foi, d'un système de croyances qui offense plutôt que d'une foi, d'un système de croyances, qui guérit.

---

[1] https://international.la-croix.com/news/religion/enough-is-enough/15594.

Terminons là où nous avons commencé : Jason Berry a mis en lumière la famille Gastal[1]. Dans les années 1980, cette famille a refusé de « régler » son accusation de violences sexuelles avec d'autres familles parce qu'elle n'était pas convaincue que le prêtre agresseur Gauthe serait arrêté et qu'elle refusait d'être réduite au silence. Elle n'a jamais voulu autre chose que cette garantie. Ils ont donc été contraints de poursuivre le diocèse de Lafayette en Louisiane. C'est grâce au courage de cette famille - une famille de survivants - qui a fait éclater au grand jour ce « monde secret. » Peut-être que l'une des réponses à l'avenir est d'étudier, d'analyser et de voir cette atrocité du point de vue des survivants. Les survivants peuvent nous enseigner chaque jour le courage, la grâce, la résilience et la souffrance rédemptrice dans leur expérience de trahison et d'abandon, et c'est ce qu'ils font. Si nous pouvions simplement être présents, accompagner et écouter leurs histoires, peut-être qu'alors la transformation culturelle, le changement et l'espoir seraient possibles.

Bien que les expériences des survivants aient été au cœur de nombreuses études, aucune n'a détaillé les effets uniques, à long et à court terme, de la blessure physique, médicale, psychologique et spirituelle. Les vingt prochaines années pourraient bien enfin combler cette lacune dans les données. Peut-être pourrions-nous nous lamenter et devenir une communauté de foi plus pénitente qui écoute et élève les voix des impuissants, des survivants, et non de ceux qui jouissent de privilèges, d'un statut et d'un pouvoir clérical. Nous savons ce qu'il en est, il est temps de changer !

---

[1] https://www.bishop-accountability.org/news/1986_01_30_Berry_AnatomyOf.htm.

La mémoire des violences sexuelles subies par des mineurs au sein de la manécanterie des Petits chanteurs de Touraine (1960 – 2000)

Benoit Gaudin, Nicolas Perreau

Dans un premier temps, je souhaite situer le contexte de la création de notre collectif, Voix libérées. À notre connaissance, une quinzaine de choristes ont été abusés par l'abbé Bernard Tartu, fondateur et directeur de la manécanterie des Petits Chanteurs de Touraine entre 1960 et 2000. En 2006, le lanceur d'alerte prend sa décision : les abus ne devront plus rester secrets, il les dénoncera : dépôt de plainte, lettre à l'agresseur, communication à la presse. Un collectif s'est créé le 8 décembre 2021[1]. Soixante-dix anciens choristes le soutiennent. Pour certaines personnes victimes, partager le souvenir des abus subis est nécessaire, pour d'autres c'est impossible : trop intime ou trop honteux.

Il est décidé que la mémoire des abus devait être diffusée le plus largement possible :
- diffuser les témoignages partout où cela est possible afin d'empêcher d'autres abus ;
- rassembler ces témoignages dans un livre, pour permettre une diffusion plus large.

D'autres projets nous sont alors apparus essentiels :
- participer à la cérémonie annuelle voulue par le pape

---

[1] Le site web du collectif : https://voixliberees.fr/.

François ;
- réaliser un support de mémoire multimédia interactif ;
- poser des plaques commémoratives.

Tous ces projets demandent un engagement et un effort important à tous.

En mars 2022, le collectif Voix libérées s'est déclaré déterminé à participer à la Journée mémorielle annuelle de prière pour les victimes d'agressions sexuelles et d'abus dans l'Église catholique en France. La réponse du diocèse de Tours n'a pas été à la hauteur des attentes des personnes victimes, car il n'a été possible de participer ni à l'organisation, ni au contenu de la cérémonie.

Le collectif se prépare donc à un coup d'éclat : le lanceur d'alerte est reçu, seul, par l'évêque, la veille de la cérémonie. Des membres du collectif se voient même interdire l'entrée dans la cathédrale. Cette première tentative est un échec douloureux : les personnes victimes et leurs soutiens se sentent bafoués, et les faits dénoncés restent encore dans l'ombre.

Début 2023, le procureur de la République déclare l'affaire classée pour cause de prescription en confirmant que les faits sont avérés et qu'il y aurait eu matière à poursuite. Cette situation ouvre le champ d'actions à l'INIRR. Ainsi le 14 janvier 2023, le collectif invite Marie Derain de Vaucresson, présidente de l'INIRR, à Tours. Ils sont rejoints par le diocèse via sa cellule d'écoute et France Victimes 37. C'est un moment clé : la cellule d'écoute diocésaine contribue à changer le regard du diocèse sur le collectif et ses projets.

En mars 2023, le collectif est invité à coorganiser la cérémonie mémorielle annuelle. Avant tout, le projet du collectif est de révéler les faits à l'assistance par ceux qui en sont les victimes. Ces interventions font l'objet de nombreuses discussions et négociations ... Parfois on est proche d'une forme de censure. Cependant, grâce à la détermination de la cellule d'écoute et du collectif, des compromis sont trouvés.

Il faut envoyer un message d'espoir, un message constructif à toute l'assistance : des enfants sont présents, peut-être même d'autres personnes victimes. Révéler les abus au grand jour reste incontournable, dire le maximum, avec justesse et avec une certaine pudeur, mais sans passer la nature des faits sous silence. L'émotion est palpable ... les récits sont reçus avec sidération et empathie par toute l'assistance, des fidèles aux clercs.

La prière universelle est également un moment important : elle permet de prier pour les personnes victimes, pour l'Église, pour le salut des agresseurs. Reprenant le thème du passage de l'ombre à la lumière, nous allumons des cierges individuels pour la prière universelle. Pour autant, prier pour le pardon de ceux qui savaient et qui n'ont pas agi est impossible.

Finalement nous chantons à plusieurs voix, comme avant, quand nous étions enfants. Nous n'avons plus nos voix d'enfants, mais tous chantent avec force et conviction. Quarante ans de secrets enfouis se révèlent à tous. Enfin le clergé nous ouvre ses bras, nous nous sentons légitimes, reconnus. Nous sommes à nouveau « chez nous » dans cette cathédrale de Tours.

Des applaudissements inattendus résonnent dans cette cathédrale qui n'a jamais été aussi fréquentée pour un dimanche ordinaire. Nous recueillons de très nombreux témoignages de soutien et de reconnaissance. Une photographie de groupe est prise, autour de l'évêque, sur le parvis : la réconciliation s'affiche aux yeux de tous. L'évêque reçoit les personnes victimes, leurs familles et la cellule d'écoute après la messe. Cela a également permis aux proches des personnes victimes de dépasser l'effroi provoqué par ces révélations, le déni et le rejet, la culpabilité de n'avoir pas vu. Cette cérémonie est une étape déterminante dans les liens entre le collectif et le diocèse.

Fin avril 2023 à la demande de l'archevêque de Tours, Mgr Jordy, le Tribunal pénal Canonique National se saisit de la cause pénale de l'abbé Bernard Tartu. Les personnes victimes sont entendues par le vicaire judiciaire Albert Jacquemin. Cette instruction se poursuit pendant l'été et se terminera fin 2023.

Une fois ces épreuves passées, les personnes victimes comptent transformer cet élan de solidarité pour créer ensemble une association. Le collectif travaille désormais le plus régulièrement possible en lien avec la cellule d'écoute sur les actions de prévention définies par le diocèse. La situation progresse doucement avec le clergé. Des projets mémoriels sont à l'étude, des projets de prévention le sont aussi. Tous ces projets demandent du temps et de la réflexion, et cette temporalité n'est pas toujours en phase avec notre impatience.

Malheureusement les projets mémoriels envisagés ne sont pas aujourd'hui acceptés par le diocèse. L'Église n'est pas encore prête à assumer ces faits ... L'Église souhaite encore préserver ses fidèles ... minimiser ses crimes ... Nous ne voulons pas uniquement un lieu de mémoire national. Nous voulons une plaque dans chaque ville qui a accueilli la manécanterie.

Mais cette plaque, de notre point de vue, ne doit pas être placée en catimini dans un coin obscur d'une collégiale. Nous envisageons de faire, de l'inauguration de chaque plaque, un moment de diffusion : une conférence publique, avec clercs invités et media, pour expliquer l'origine de cette plaque, à qui elle s'adresse et ce qu'elle est censée produire ...

Ce n'est pas gagné, mais le projet est lancé ! Le texte inscrit sur la plaque pourrait mentionner la sentence du tribunal.

Nous envisageons également des bornes interactives qui expliqueront les faits subis, les voies de reconnaissance et de réparation, ainsi que les actions de prévention. Ces bornes seront implantées à l'entrée des édifices religieux de Loches, Tours et Amboise. On envisage même d'aller à la rencontre des communautés qui nous ont accueillis lors de nos concerts.

La mission de l'INIRR comprend le suivi des actions individuelles et collectives de réparation. Ce soutien est fondamental pour faire évoluer la position des évêques quant à leur acceptation des actions de réparation.

La vocation et le fonctionnement de l'Instance nationale indépendante de reconnaissance et de réparation (INIRR)

Jean-François Badin

Je suis toujours un peu mal à l'aise pour parler des personnes victimes, c'est pourquoi je suis vraiment heureux que Benoît Gaudin et Nicolas Perreau soient là aujourd'hui. Merci à eux.

L'INIRR, c'est l'Instance nationale indépendante de reconnaissance et de réparation qui est née de la décision des évêques de France en novembre 2021[1]. Elle a pour vocation d'accompagner les personnes victimes de violences sexuelles pendant leur minorité de la part de d'un membre de l'Église catholique diocésaine, clerc ou laïc en responsabilité.

Donc, concrètement, nous accompagnons les personnes victimes sur un chemin de reconnaissance et de réparation. Cet accompagnement prend la forme d'entretiens avec un référent de situation. Ces entretiens permettent de faire une relecture de vie : relecture des faits, du contexte, des conséquences que les violences ont eu pour la personne victime tout au long de sa vie, des points de résilience et des ressources qu'elle a su mobiliser, des manquements de l'Église, la manière dont l'Église a réagi ou n'a pas réagi lorsqu'elle a eu connaissance de ces violences.

---

[1] Le site web de l'INIRR : https://www.inirr.fr/.

À l'issue de cet accompagnement, il y a une décision de reconnaissance qui est transmise à la personne victime sous la forme d'une lettre signée officiellement par la présidente de l'instance. À la fin de cette démarche, la personne victime, avec l'aide du référent, identifie les démarches de réparation qui auront du sens pour elle. Pour certaines, il y a une dimension financière dans cette réparation. Il y a aussi d'autres démarches qui peuvent être imaginées et élaborées. Nous accompagnons la mise en œuvre de ces démarches. Je suis en en charge d'ailleurs de la coordination de ces démarches restauratives. Depuis environ un an et demi, on a accompagné 700 personnes à l'INIRR. Il y a encore beaucoup de personnes qui y attendent.

L'enjeu mémoriel est capital pour les personnes victimes qui saisissent l'INIRR. Nous abordons les enjeux mémoriels autour du chemin de reconnaissance et ceux du chemin de réparation.

Pour l'INIRR, la question de l'enjeu mémoriel dans le processus de reconnaissance se situe à deux niveaux. Le premier, c'est au moment de la confirmation de vraisemblance. Alors qu'est-ce que la confirmation de vraisemblance ? Lorsqu'on commence un accompagnement avec une personne victime, l'INIRR va demander une confirmation de vraisemblance auprès du diocèse concerné. Cela veut dire que l'INIRR réclame du diocèse des éléments sur le parcours du prêtre ou du laïc en responsabilité. C'est une étape essentielle pour les personnes victimes parce qu'on se rend compte que dans les dossiers d'archives, bien souvent, il y a des éléments clairs et explicites. Autrement dit, d'autres personnes victimes peuvent s'être déjà manifestées auprès du diocèse et donc pour la personne victime qui nous saisit de découvrir qu'elle n'est pas seule, c'est quelque chose de très fort.

S'il n'y a pas d'éléments explicites sur les violences sexuelles, il peut y avoir des éléments troublants sur la personnalité du prêtre. Sans mentionner l'existence de violences sexuelles, il peut y avoir la mention d'un alcoolisme, d'une personnalité très particulière, de problèmes de relationnel, de problèmes de comportement qui ne sont pas des d'agressions sexuelles à proprement parler, mais qui donnent de la matière sur la personnalité de l'agresseur. Il peut y avoir aussi des éléments implicites qui sont liées à au parcours de l'auteur, comme des changements d'affectation réguliers fréquents, des mises en congé ou des mises à la retraite précoce, ce qui est assez rare pour les prêtres en général, ou des placements en service administratif. Voilà donc sans qu'il y ait une mention explicite des raisons de ce parcours haché, ce sont déjà des éléments qui disent quelque chose

Par la confrontation aux archives, on recueille en quelque sorte une matière solide, et c'est sur cette matière solide que la reconnaissance va pouvoir s'appuyer. On ne peut pas avoir de reconnaissance sur du silence. On mesure aussi l'importance de cet enjeu mémoriel.

A contrario, lorsque, par exemple, dans une réponse à une confirmation de vraisemblance, un évêque actuel nous dit que le diocèse n'a jamais été en contact avec cette personne victime, alors qu'elle avait rencontré son prédécesseur et aucune trace de cette rencontre n'a été conservée. Là, c'est d'une violence terrible pour la personne victime de réaliser que cette rencontre n'apparaît même pas dans les archives. Autrement dit, il y a pas eu de trace, il y a pas eu de mémoire de la rencontre, et toutes les personnes victimes qui ont pu se manifester dans l'intervalle n'ont pas pu bénéficier de cette information-là.

Il y a aussi à ce stade là un enjeu de mémoire pour l'Église, parce que cette démarche de confirmation de vraisemblance permet aussi de reconstituer des archives ou de mettre à jour des archives. On a fréquemment des personnes victimes qui ont écrit il y a très longtemps au diocèse. Le courrier n'a pas été conservé, mais elle-même avait gardé une copie de cette lettre, et on a pu demander qu'elle soit réintégrée au dossier d'archives et donc permettre de renseigner de futures éventuelles personnes victimes, mais aussi permettre d'avoir une vision plus juste de ce qu'ont été les violences sexuelles sur un diocèse, sur un territoire.

Lorsqu'il n'y a pas d'éléments précis dans les archives du prêtre ou lorsque personne n'a la capacité de donner des éléments sur ce prêtre, certaines victimes se sont engagées dans des démarches d'investigation et de recherche très poussées pour comprendre ce qui s'est passé, retisser le fil de l'histoire, revenir en arrière pour savoir qui était au courant au moment des faits, qui a dénoncé.

Qui savait ? Mais voilà, telle personne n'a rien dit. Je pense en particulier à une personne victime qui était sous amnésie traumatique et qui avait grandi avec la croyance qu'il avait eu beaucoup de problèmes respiratoires dès l'âge de six ans, qui avait nécessité qu'il soit transféré dans un centre de soins à l'autre bout de la France. À l'âge de 60 ans, face au silence de ses parents, aux incohérences qu'il repérait dans son histoire et puis la levée progressive de de son amnésie, il a entamé des démarches pour comprendre son histoire, effectuer ce travail de vérité pour avancer vers une reconnaissance qui a de la densité et qui repose sur du solide. Il a mené tout un travail, presque archéologique. Il est retourné voir toutes les personnes qu'il avait côtoyées dans son enfance, jusqu'à retrouver les fondateurs de cette maison à l'autre bout de la France, un couple fondateur qui aujourd'hui a 95 et 96 ans. Il a appris que c'était en fait une maison de correction et qu'il avait été envoyé là parce qu'il venait de dénoncer un prêtre qui venait d'arriver sur la paroisse. Il était impossible de déplacer ce nouveau curé, et donc c'est l'enfant de six ans qui a été déplacé.

Quel séisme pour la personne victime de découvrir cela ! Cette démarche a permis à la reconnaissance de se faire. La personne victime a été reçue par l'évêque qui a reconnu ce qui s'était passé et a reconnu la responsabilité de l'Église par rapport à ce parcours.

Il y a aussi un enjeu mémoriel au moment de la réception de la lettre de reconnaissance, lorsque la personne victime reçoit cette lettre officielle où elle est reconnue victime de violences sexuelles de la part d'un clerc ou d'un responsable de l'Église catholique. C'est une étape très forte pour beaucoup de personnes. Il y a une trace enfin laissée sur un papier officiel. Certains encadrent cette lettre, certains la montrent à leur famille. C'est l'occasion d'un échange. Une personne victime me disait récemment : « Je la relis tous les jours, tous les matins, je prends le temps de lire cette lettre. » Dans tous les cas, c'est vraiment un courrier qui fait mémoire.

La vocation et le fonctionnement de la Commission de reconnaissance et de réparation (CRR)

Ève Paul

En novembre 2021, à la suite du rapport de la CIASE, la Conférence des religieux et religieuses de France (CORREF) a décidé de créer une commission indépendante, non seulement de la CORREF mais également des congrégations et des personnes victimes : la Commission Reconnaissance et Réparation (CRR)[1].

La CRR a vocation à accompagner dans sa démarche de reconnaissance et de réparation, toute personne victime - mineure ou majeure « en situation de vulnérabilité » au moment des faits - de violences sexuelles commises par un religieux ou une religieuse, membre d'un institut de la CORREF ou par un membre d'une association de fidèles menant la vie commune et volontairement affiliée à la CRR. Ainsi, les communautés nouvelles peuvent adhérer à la CRR sans être membre de la CORREF.

La CRR est présidée par Antoine Garapon, ancien magistrat, notamment juge des enfants, qui était également membre de la CIASE.

---

[1] Le site web de la CRR : https://www.reconnaissancereparation.org/.

Sur le modèle de la justice restaurative, nous avons organisé un parcours de reconnaissance et de réparation qui ressemble peu ou prou à ce qui vient d'être présenté pour l'INIRR. Nous accueillons les personnes victimes pour les écouter et les accompagner sur un chemin qui leur permet de raconter non seulement ce qu'elles ont vécu, mais également leur parcours de vie.

Parallèlement, nous accompagnons les congrégations sur le chemin de la reconnaissance et de la réparation. Cela signifie que lorsque nous accompagnons une personne victime, nous travaillons également avec la congrégation concernée afin de lui permettre une entrée en relation, une rencontre. Si la personne victime le souhaite, certaines ne le veulent pas, nous allons donc organiser une rencontre avec la congrégation et aider à instaurer un dialogue pour favoriser le témoignage, puis la co-construction des mesures de réparation, des gestes symboliques et de tout ce qui pourra permettre un apaisement de la personne victime. Nous ne pourrons, malheureusement, jamais la réparer, mais si nous pouvons l'apaiser, c'est l'objectif. Cela signifie également que nous partageons avec les congrégations notre expérience afin de les accompagner dans l'accueil des personnes victimes, dans la sensibilisation de leurs membres et dans la mise en œuvre de mesures de prévention. Que cela ne se reproduise plus est un vœu pieux, certes, mais c'est un objectif partagé.

Voilà donc la CRR, rapidement brossée. Au premier octobre 2023, 792 personnes ont été accompagnées ou sont en cours d'accompagnement et donc nous poursuivons petit à petit le chemin.

1. L'enjeu mémoriel dans le processus de reconnaissance

Si, comme pour l'INIRR, la confirmation de la vraisemblance et la lettre de reconnaissance constituent des étapes clés dans le processus de reconnaissance et de réparation, elles ne suivent pas les mêmes procédures pour la CRR.

Lorsque nous sommes contactés par une personne victime, la première étape est l'identification de la congrégation concernée, puisque nous allons travailler avec cette dernière. La question de la vraisemblance est, de ce fait, traitée très en amont.

À partir de là, nous allons accueillir et écouter la personne victime, écouter son témoignage et nous allons devoir lui répondre à deux questions systématiques, incontournables :
- La première question : Que savez-vous de l'auteur ? Est-ce qu'on savait ? Est-ce que la congrégation connaissait les faits ?
- La seconde question : Est-ce que je suis la seule personne victime ou sommes-nous plusieurs personnes victimes de ce même religieux ?

Ces questions vont revenir tout au long de l'accompagnement. Mais au fur et à mesure des entretiens, nous constatons un déplacement de ce questionnement.

Dans la phase de reconnaissance, ces questions, relatives à l'auteur, à son parcours et à l'existence d'autres personnes victimes, sont centrées sur la personne elle-même, sur la personne victime dans ses questionnements intimes. La personne victime dépose alors sa mémoire.

Dans la phase de réparation, ces questions totalement personnelles, vont se transformer petit à petit pour devenir une question beaucoup plus ouverte, tournée vers les autres. Les personnes victimes font alors témoignage. Elles évoluent pour pouvoir prendre la parole et demandent à témoigner, notamment devant les membres de la congrégation concernée.

De la reconnaissance à la réparation, la question « Est-ce qu'il y a d'autres victimes ? » se transforme en demande « S'il vous plaît, faites une recherche d'autres victimes » et aujourd'hui, plus précisément « Faîtes un appel à témoignages, parce que je suis sûr, je ne suis pas le seul, je ne suis pas la seule. »

Pour répondre au questionnement de la personne victime, nous n'avons aucun accès aux archives. Nous allons donc contacter la congrégation pour lui demander les informations dont elle dispose par rapport au parcours de l'auteur, si elle a connaissance d'autres personnes victimes, s'il y a des faits, des éléments qui peuvent permettre de penser qu'il y a d'autres victimes.

Nous travaillons donc avec la congrégation pour essayer de restituer le parcours de l'auteur. Certaines congrégations ouvrent grand leurs archives, leurs dossiers et nous permettent de communiquer tout le dossier et donc de pouvoir travailler avec la personne victime sur des éléments factuels. Par exemple, le fait que juste après les faits, le missionnaire soit parti sur un autre continent, cela peut vouloir dire qu'il y avait quelque chose, que la congrégation savait même si elle n'a rien fait. Tous ces éléments commencent à permettre à la personne victime de reconstituer le passé, de reconstituer son histoire, de s'insérer dans l'histoire.

Nous n'arrivons pas tout de suite à la lettre de reconnaissance puisque que c'est un acte qui va être fait par la congrégation, par le provincial de la congrégation. C'est donc un acte qui va se matérialiser au moment des réparations.

En revanche, la CRR se réunit et va rendre ce que l'on appelle des recommandations. C'est un document dans lequel nous racontons l'histoire, le parcours de vie de la personne victime et recommandons à la congrégation un certain nombre d'actes.

Bien évidemment, ces actes ont été travaillés préalablement avec la personne victime. Ce sont ses souhaits, ce sont ses demandes, que nous allons préciser. Ces actes sont des réparations non financières et des réparations financières. Les deux réparations sont essentielles, l'une renforce l'autre.

De même, préalablement, nous demandons à la congrégation si elle est d'accord pour reconnaître les faits ou leur vraisemblance et nous l'informons des demandes de la personne victime. Malheureusement, parfois, la congrégation n'ira pas jusqu'au bout de la démarche et ne voudra pas soit reconnaître officiellement la personne victime, soit mettre en œuvre les réparations, soit les deux.

Sachant que dans certains cas, pour la personne victime, la recommandation sera l'unique acte de reconnaissance de ce qu'elle a vécu et de son parcours, nous attachons une importance extrême à ce document puisqu'il permet à la personne victime de bien comprendre que : Oui, c'est arrivé ; Oui, elle est crûe ; Oui, elle est reconnue.

À partir de la communication de la recommandation de la CRR à la personne victime et à la congrégation, nous entrons dans la phase de réparation.

2. L'enjeu mémoriel dans le processus de réparation

La reconnaissance et la réparation de la personne victime par la congrégation, de même que son acceptation de sa responsabilité pour les violences commises par l'un des siens font l'objet d'un protocole de reconnaissance et de réparation, signé entre la personne victime et la congrégation.

Ce protocole matérialise l'accord de la personne victime et de la congrégation sur les réparations financières et non financières qui vont alors être mise en œuvre. La personne victime est alors pleinement actrice de sa reconstruction. Deux différences avec l'INIRR sont à noter :
- Pour les réparations financières, il n'existe pas un fonds abondé par toutes les congrégations, chacune verse sur ses deniers propres la juste réparation ;
- Pour les réparations non financières, une co-construction entre la personne victime et la congrégation est accompagnée par la CRR.

Dans ce processus de réparation, ce chemin d'apaisement, nous retrouvons les 3 types de démarches en lien avec les enjeux mémoriels, décrits par Jean-François Badin :
- la démarche de témoignage ;
- la restauration de la mémoire ;
- les actions mémorielles.

Les différences sont liées au fait que nous travaillons avec une congrégation, avec une communauté, dont la communauté de pensée et la vie communautaire vont influer sur les réparations.

Comme, je l'indiquais précédemment, nous commençons par travailler avec la personne victime. La question étant : quels seraient les gestes, les actions, les mots qui auraient du sens pour vous ? Puis, nous rentrons en contact avec la congrégation et commençons à évoquer les attentes de la personne victime avec le provincial ou son délégué pour les abus sexuels. Nous élaborons un projet, évoqué dans la recommandation de la CRR, dont la construction définitive appartiendra à la personne victime et à la congrégation afin de répondre au plus près aux attentes de la personne victime.

En parallèle des actions mémorielles très personnelles, que nous évoquerons ensuite, certaines attentes des personnes victimes reviennent pratiquement systématiquement:
- la reconnaissance écrite ;
- le parcours de l'auteur ;
- les mesures de prévention mises en œuvre par la congrégation.

Il y a un besoin fort d'un écrit du provincial qui reconnaît; qui exprime sa compréhension de ce que la victime a vécu et de son parcours de vie ; qui raconte le parcours de l'auteur et donc partage officiellement l'histoire de cet auteur. Les mesures de prévention mises en œuvre peuvent être décrites dans cet écrit ou au cours d'une rencontre.

Le témoignage est une proposition de la personne victime qui souhaite parler aux siens, tendre la main à d'autres victimes pour qu'elles prennent à leur tour la parole ou à la congrégation pour les aider à mieux comprendre les personnes victimes et à travailler sur la prévention.

Le témoignage en direction des autres victimes poursuit un double objectif : rechercher d'autres victimes, nous en avons parlé précédemment, et aider les autres personnes victimes à prendre la parole. Dire un jour « je vais appeler la CRR ou l'INIRR » puis « je vais témoigner » est extraordinaire de courage et de force. La personne victime, qui a eu ce courage-là, souhaite que ce témoignage sorte de l'enceinte de la CRR, de la congrégation pour que cela puisse donner l'idée à d'autres personnes victimes de libérer leur parole également.

Le témoignage au sein de la congrégation est également une main tendue pour l'aider à progresser dans la connaissance à la fois des personnes victimes, mais également des troubles de leurs propres confrères, ces derniers pouvant être ou devenir auteurs. « Je souhaite témoigner devant la congrégation pour qu'elle puisse comprendre ce que ça fait d'être abusé quand on est un enfant, ce que ça a comme impact sur le parcours de vie et à partir de là, les aider à prendre conscience de l'importance de l'écoute et aussi d'être extrêmement attentif lorsque l'on accueille des enfants. »

Le volet le plus personnel des réparations est un geste symbolique, une action mémorielle. Pour les personnes victimes restées dans la foi, ce geste peut être une prière en commun entre le provincial, une messe pour la famille. Pour d'autres personnes victimes, cela peut être une rencontre, un simple échange autour d'un déjeuner. Nous avons organisé un certain nombre de rencontres. Il s'avère que très fréquemment, que ce soit pour la personne victime ou pour le provincial, le besoin, à un moment, de s'asseoir et de partager un repas ou une collation est essentiel ! C'est un moment à hauteur d'hommes, un moment de paix, de sérénité.

La remise en main propre de la lettre de reconnaissance, sa lecture par le provincial et l'échange de paroles entre elle/lui et la personne victime constituent également des moments absolument extraordinaires d'humanité. Cette reconnaissance solennelle de la personne victime lui permet de réaliser le chemin parcouru et de se tourner vers l'avenir. Nous avons ainsi assisté au premier récital d'une personne victime sur l'orgue de la chapelle, il n'en avait jamais joué jusqu'alors.

Cette reconnaissance solennelle peut également prendre place dans un lieu symbolique pour la personne victime. Nous avons ainsi organisé une journée mémorielle dans les lieux où les abus avaient eu lieu. Le provincial a fait réouvrir les locaux qui étaient fermés. La personne victime a revisité les lieux, accompagnée de son fils. Un olivier porte désormais le souvenir de cette journée.

Parfois, l'action mémorielle vise à combler un trou de la mémoire, à retrouver une pièce de puzzle perdue. Ainsi, une personne victime nous a également demandé de retourner sur les lieux où les abus avaient eu lieu. Il a une mémoire absolument exceptionnelle de tout ce qui s'est passé dans les moindres détails, mais il lui manquait une pièce du puzzle, et il était sûr et certain que cette pièce se trouvait dans les locaux où il avait été agressé. Nous nous sommes rendus sur place et nous avons fait une déambulation dans l'ensemble de l'enceinte. Ils ont échangé et la personne victime a pu raconter ce qu'elle avait vécu jusqu'au moment où il s'est arrêté. Il avait retrouvé la pièce du puzzle, son histoire était complète.

Tous les membres référents de la CRR ont vécu aux côtés des personnes victimes des événements symboliques au cours desquels ils ont pu voir les personnes victimes avec les congrégations se parler et constater l'importance de ce moment qui marque un changement, une évolution dans le parcours de la personne. C'est en termes d'apaisement essentiel pour le chemin qui reste à parcourir.

Et puis il y a les cérémonies. Je remercie Benoît Gaudin et Nicolas Perreau, membres du collectif Voix libérées, de partager leur expérience.

Mémoires, violences sexuelles et abus dans les Églises : préfiguration d'une association

Guillemette Mounier

Faisant suite à la publication du rapport de la CIASE, la Conférence des évêques de France a voté en assemblée plénière plusieurs résolutions de démarches mémorielles et commandité un groupe de travail, composé à parité d'experts et de personnes victimes, pour proposer une mise en œuvre concrète.

Le groupe « Démarche mémorielle » (2021-23) a rendu un rapport en mars 2023, préconisant la création d'une structure juridique pérenne et indépendante, comprenant à la fois des personnes victimes et des personnalités qualifiées, dotée d'un conseil de surveillance garant de la cohérence des projets portés, et d'un comité scientifique en charge de leur mise en œuvre[1]. Elle serait financée en partie par les Fonds de solidarité et de lutte contre les agressions sexuelles sur mineurs (SELAM). Le Conseil de prévention et de lutte contre la pédophilie de l'Eglise catholique de France (CPLP) a reçu l'ensemble de

---

[1] *Faire mémoire. Rapport du groupe de travail Démarche mémorielle,* mars 2023. https://eglise.catholique.fr/wp-content/uploads/sites/2/2023/04/Rapport_Faire_Memoire_2022-2023.pdf.

propositions qui « va donner lieu à une mise en œuvre par étape et par priorité[1] ».

La nécessité d'une association a émergé dans ce groupe de travail, notamment pour élargir l'assise de la démarche mémorielle, et participer à sa mise en œuvre. Elle serait ouverte à tous et toutes, personnes physiques et morales, collectifs et associations de victimes représentants des instances en charge de cette mémoire, ecclésiales ou non, partenaires publics et privés, qui souhaitent accompagner cette démarche mémorielle.

La participation des personnes victimes dans l'ensemble des travaux de l'association est pour nous fondamentale : elles possèdent une connaissance et expérience personnelle de l'épreuve qu'elles ont vécue ; seules elles peuvent la comprendre et la partager. Leur témoignage vivant rappellera constamment à l'association la gravité et la réalité de sa mission. Leur rôle n'est pas seulement symbolique, mais central pour assurer l'intégrité, la pertinence et l'efficacité des actions de l'association.

Nous pensons aussi qu'il est urgent d'agir, pour permettre aux personnes victimes de tourner la page. Et aussi parce que le lien créé à l'occasion des Commissions de réparations se distendra, alors que beaucoup d'entre elles prennent de l'âge. L'association se donne pour mission le travail de mémoires des abus, violences et crimes sexuels dans les Églises, envers les enfants, adultes vulnérables ou rendus vulnérables, les situations d'emprise, dans un objectif scientifique et de prévention.

---

[1] Les résolutions votées par l'Assemblée plénière de la Conférence des évêques de France de mars 2023 : https://eglise.catholique.fr/sengager-dans-la-societe/lutter-contre-pedophilie/539372-lutte-contre-les-abus-votes-et-resolutions-adoptees-en-assemblee-pleniere-de-mars-2023/.

Des chantiers prioritaires ont été définis :
- élaborer un projet scientifique et muséographique de lieu de mémoire ;
- coordonner une politique de support à la recherche sur les violences sexuelles et abus dans les Églises : archives, formations, incitation à la recherche, colloques et journées d'étude, publications ;
- récolter des matériaux auprès des personnes victimes et des témoins actuels : vidéos, témoignages écrits et oraux, interview ;
- recenser les pratiques mémorielles individuelles et collectives réalisées ;
- créer ou accompagner la création d'outils de communication et médiation appuyés sur la mémoire pour sensibiliser et prévenir.

Pour chacune de ces missions, un responsable de projet, salarié ou bénévole, travaillerait en lien avec un comité de suivi composé de personnes qualifiées et de personnes victimes.

Ensemble vers un réseau fort d'humanité

Annette Becker

Il me paraît important de dire d'où l'on parle : je fais partie du Groupe mémoire commandité par les évêques de France à la suite du rapport de la CIASE, composé de personnes victimes et de quelques experts. Je suis en effet une historienne de la mémoire des deux guerres mondiales et des génocides du vingtième siècle, de leurs dénis, et aussi des croyances, de la spiritualité, des fausses nouvelles. J'ai en particulier travaillé sur les violences et crimes sexuels commis pendant le génocide des Tutsi du Rwanda en 1994, les viols ayant été alors pris en compte par l'ONU pour la première fois pour ce qu'ils étaient, des armes du génocide. J'ai d'abord hésité à accepter de rejoindre ce groupe car je ne suis pas chrétienne et me demandais si j'étais légitime pour apporter des idées auprès de l'Église catholique.

Pourtant, j'ai trouvé dans ce groupe remarquable une écoute très forte et sensible. Chacun.e s'est exprimé dans une grande liberté, et nous sommes arrivé.es, nous qui étions si différent.es, à dépasser largement ce qui nous avait été demandé au départ. Une réflexion très générale sur la mémoire fondée sur les demandes imprécises de l'Église catholique a été renversée pour mettre au centre les récits et la mémoire des personnes victimes. Faire mémoire c'est très chrétien, « Vous ferez cela en mémoire de moi. » Ce qu'on appelle improprement les « abus » et que je préfère appeler les crimes à l'intérieur de l'Église catholique, nous l'avons partagé aussi avec d'autres Églises en France et aussi en Angleterre, aux États-Unis, en Belgique.

Si nous avons voulu nous transformer en association et nous ouvrir à d'autres, c'est parce que nous avons compris assez vite les limites d'une commande ; un commanditaire a des droits sur vous. Dans ce cas il s'agissait de l'Église catholique et de la Conférence des évêques de France et nous l'avons bien perçu à Lourdes en mars 2023 : nous avons été reçus avec une très grande gentillesse, mais on ne nous a pas écoutés, nous donnant l'impression que la mémoire des « abus » n'était qu'une affaire mineure pour les évêques. Personnellement, j'en ai été très affectée, en particulier parce que nous avions bien préparé la visibilité de notre travail sur les traumas et la mémoire sous la forme de textes distribués à l'avance et d'une exposition. Notre réflexion était située dans le passé et le présent, avec des illustrations de lieux de commémorations après de grands événements tragiques tels les génocides, et d'essais de reconstruction des personnes victimes à travers des mémoriaux, des prières, des textes. De grandes affiches résumaient tout cela. Or j'ai passé du temps à observer les évêques dans ce foyer où ils venaient pour prendre un café. Je n'en ai jamais vu un seul qui a regardé ce qui était exposé sur les murs, y compris les photographies de mémoriaux existants. Voilà pourquoi nous avons voulu faire une association qui dépasse les évêques tout en les englobant s'ils le veulent. Mais autant on a trouvé en la COR-REF et en particulier en Véronique Margron, une partenaire, autant la CEF reste distante, attentiste.

L'idée de cette association est d'amener toutes les bonnes volontés sur ce sujet gigantesque des abus et crimes dans toute la complexité d'une histoire dite « totale » : politique, religieuse et culturelle, sociale, etc ... Ainsi le droit, par exemple ; souvent les responsables catholiques parlent de droit canonique. Mais les clercs ne sont pas compétents sur la justice civile. Or, droit canon ou pas droit canon, un violeur est un criminel qui relève de la justice civile quand d'autres atteintes sont des délits.

Les mots, toujours ont leur importance, ils sous-tendent des concepts. Il faut toujours être très précis sur le vocabulaire : qu'est-ce qu'une victime ? Qu'est-ce qu'une personne victime? Qu'est-ce qu'un témoin ? En grec, témoin se dit martyr. Qu'est-ce qu'une souffrance ? Qu'est-ce qu'un trauma ? Qu'est-ce qu'une atrocité ? On a tendance à employer ces mots un peu les uns pour les autres.

Ainsi de l'idée du performatif. Il ne faut pas se contenter de parler, d'écouter les personnes victimes, il faut changer les choses qui ont permis cette multiplication ahurissante de leur nombre. Performer c'est faire prendre conscience à tous et à toutes qu'il s'agit d'un système, et que l'on ne vaincra ce système d'impunité et de dénis, de trahisons d'enfants et de personnes vulnérables qui croyaient que leurs « directeurs spirituels » ne pouvaient leur vouloir que du bien, de secrets bien mal gardés désormais, qu'en changeant les structures de l'Église. C'est d'ailleurs ce qu'essaie en partie le pape François.

Ainsi de l'écriture de l'histoire, de son récit. L'histoire s'est passée une fois, en tel lieu, en tel temps, cela ne se passera plus jamais comme ça, même s'il s'agit d'histoire dite du temps présent ou immédiate. Et la mémoire ? À l'inverse, elle ne s'arrête jamais, vit à tout moment, elle est vagabonde, chez chaque individu et dans les groupes sociaux qui ont des mémoires communes ou antagonistes. La performation de la mémoire a été extrêmement bien étudiée depuis les premiers travaux de Maurice Halbwachs, jusqu'aux spécialistes contemporains. Très souvent, après un événement immensément traumatique, on a une période d'amnésie, puis vient le temps de l'anamnèse, et quelquefois certains parlent d'hypermnésie, c'est-à-dire qu'on finit par ne parler que de ça. Pour les crimes sexuels dans l'Église, on est fort loin de l'hypermnésie ...

Il y a un devoir moral, un devoir de l'âme, pour parler comme Francis Salembier, pour un mot tout simple, celui d'humanité. Certains ont parlé de mémorial, de projet de mémoire, disons plutôt un lieu d'humanité. L'humanité est universelle et nous pousse à sortir des structures, quelles qu'elles soient, ecclésiales ou pas, pour se rapprocher de l'universel humain. Des êtres humains très nombreux ont été terriblement cassés, détruits, tués. Nous pouvons raconter leur histoire individuelle devenue histoire de groupe. Et nous pouvons faire l'histoire de leur mémoire, de leur prise de conscience, de leurs volontés d'aujourd'hui. En se rappelant que la mémoire vit, se poursuit, progresse, s'affole, revient en boucle, sous la forme du trauma qui nous est rendu par la parole, par le silence, par les pleurs, par la colère, les cauchemars, etc ... Personnellement je pense qu'il n'y a jamais assez de récits. Chacune des personnes victimes à l'intérieur des Églises et des églises, des écoles religieuses, des monastères et couvents, est différente, chacune a une histoire différente à raconter.

À nous de travailler à établir des structures communes, qu'elles soient physiques, dans un lieu précis, central, à l'architecture accueillante, où pourraient se trouver des œuvres d'art et aussi des livres, des rapports, des documentaires, des témoignages oraux ou filmés de personnes victimes ou d'aidants, et enfin que tout soit relié sous forme de réseau. Ainsi on aurait un ensemble fort de lieux d'histoire et de mémoire.

Nécessités et mises en garde concernant les entreprises mémorielles

Christine Lazerges

Je souhaite remercier vivement les organisateurs de ce séminaire. L'ouverture de la journée a été confiée à Laetitia Atlani-Duault, co-autrice de notre ouvrage à trois plumes et membre de la CIASE comme nous le sommes tous les trois (anthropologue, juriste et théologien)[1]. Le caractère systémique des violences sexuelles dans l'Église catholique a été dès l'ouverture de la journée immédiatement analysé dans ses éléments constitutifs. Ces éléments peuvent également se trouver constitués sous des formes proches dans d'autres institutions ou associations que l'Église catholique, d'où l'intérêt au-delà de l'Église catholique de les analyser.

La force de l'écoute des victimes, à la fois pour comprendre les mécanismes qui permettent tant de douleur et pour tracer le chemin de la restauration de la victime, a été démontrée par tous les intervenants. L'ensemble des contributions a permis d'approfondir la question de la mémoire, et plus spécifiquement des entreprises et actions mémorielles pour aider à construire l'association en cours de création « *Mémoires, violences sexuelles et abus dans les Églises* ».

---

[1] Laetitia ATLANI-DUAULT, Christine LAZERGES, Joel MOLINARIO, *Violences systémiques dans l'Église catholique : apprendre des victimes*, Paris, Dalloz, 2023.

Dans la table-ronde conclusive dont l'objet est la préfiguration de l'association « *Mémoires, violences sexuelles et abus dans les Églises* », j'ai souhaité dans un premier temps dire quelques mots de la nécessité des entreprises mémorielles et dans un second temps énoncer des mises en garde.

1. La nécessité des entreprises mémorielles comme éléments d'une justice restaurative

La nécessité des entreprises mémorielles ne fait aucun doute mais elles ne suffisent pas. Les entreprises mémorielles disent la gravité des faits et combien le secret, la honte, la culpabilité, l'emprise difficile à reconnaître, n'ont pas lieu d'être ; elles participent au deuil par la mémoire. Elles sont une étape importante de la justice restaurative en signifiant que les faits sont reconnus dans toute leur gravité. Toute victime a besoin de ce que les faits soient reconnus et reconnus par toutes et tous y compris par l'institution dans laquelle ils se sont déroulés. Je voudrais à ce sujet revenir en quelques mots ou plutôt renvoyer au chapitre II de notre livre intitulé « Penser la justice restaurative face aux violences systémiques ». Ce dont la victime a besoin dans un premier temps est bien la reconnaissance de son statut de victime même des années après les faits. Cette reconnaissance passe par l'écoute, l'écoute individuelle non directive comme nous l'avons pratiquée à la CIASE avant même les moments mémoriels collectifs. Sans aucun doute « Faire mémoire » participe à la réparation ». L'étape suivante est celle d'autres volets de la justice restaurative étatique et/ou sociétale conduisant à la reconstruction de la victime. La réparation passe par l'indemnisation financière si la victime en ressent le besoin, mais là encore l'indemnisation n'est pas toute la réparation. La réparation aboutie est celle qui se traduit par la restauration de la victime au sens où un ébéniste restaure, reconstruit, redonne vie à un objet. Pour la victime de violences sexuelles il s'agit de redonner vie à la personne démolie.

2. Les mises en garde concernant les entreprises mémorielles

La première mise en garde concerne le risque de laisser entendre par des manifestations mémorielles que le problème des violences sexuelles est un problème du passé. Le drame des violences sexuelles ou des phénomènes d'emprise sous toutes leurs formes relève du passé, du présent et du futur. Seules de profondes réformes institutionnelles peuvent influer sur le devenir du caractère systémique de ces violences et donc en faire baisser le nombre. L'association « *Mémoires, violences sexuelles et abus dans les Eglises* » se doit dans ses manifestations se vivre avec un double regard, d'une part sur le passé et d'autre part sur le présent. En quelque sorte « faire mémoire » s'accompagne aussi d'objectifs de prévention pour le présent et pour le futur.

La seconde mise en garde concerne le chemin restauratif de chaque victime. A n'en point douter la restauration de la victime suppose une longue route propre à chaque victime. Cette longue route passera ou ne passera pas par le procès pénal. A l'évidence seules des manifestations mémorielles ne suffisent pas. Le risque des manifestations mémorielles à déjouer serait d'inscrire la victime dans un passé douloureux, de la rendre prisonnière de ce passé sans qu'elle puisse s'en libérer. L'association « *Mémoires, violences sexuelles et abus dans les Églises* » saura déjouer ce risque en ne participant pas à enfermer la victime dans sa douleur.

La reconstruction de la victime suppose de prendre une certaine distance avec le drame qui vous a frappé comme l'exprime si bien cette victime : « *J'ai pu dire* », « *ou plutôt je me suis entendue leur dire que j'étais passée de victime à témoin, je ne sais pas très bien à quel moment d'ailleurs, et je me suis étonnée moi-même de pouvoir leur dire cela*[1] *!* »

---

[1] *Témoignages adressés à la Commission indépendante sur les abus sexuels dans l'Église. De victimes à témoins*, 2021, p.110.

Se laisser transformer grâce aux récits de vie

Brigitte Navail

Je fais partie avec d'autres personnes dans cette salle d'un collectif qui s'appelle « Foi et résilience». Nous sommes une petite quinzaine, tous et toutes victimes de prêtres catholiques pendant notre enfance. Notre collectif a choisi résolument le dialogue avec les évêques, et nous travaillons depuis 2018.

Nous avons beaucoup œuvré pour que les évêques reconnaissent trois choses à leur Assemblée plénière en novembre 2021 : le caractère systémique des violences sexuelles dans l'Église catholique, la responsabilité institutionnelle et le devoir de réparation financière juste[1]. Pour mémoire, avant la publication du rapport de la CIASE en octobre 2021, les évêques voulaient donner une petite somme d'argent comme un geste financier de secours pour les personnes victimes. Nous avons bataillé pendant près de trois ans pour faire entendre aux évêques que la question n'était pas un enjeu de secours, mais de justice.

Notre travail en particulier à Foi et résilience, c'est de mobiliser les diocèses que nous rencontrons, car une grande majorité d'entre nous sommes encore investis sur le terrain des diocèses. Moi-même je suis investie dans le diocèse de Nanterre

---

[1] Les résolutions votées par les évêques de France le 8 novembre 2021 : https://eglise.catholique.fr/conference-des-eveques-de-france/textes-et-declarations/520388-assemblee-pleniere-des-eveques-de-france-reconnaissance-de-la-responsabilite-institutionnelle-de-leglise-dans-les-violences/.

dans l'accompagnement des laïcs en mission ecclésiale. Ma recherche en théologie, qui est aussi une forme de réparation pour moi, porte sur la question des ministères laïques.

L'Église a 2000 ans. Les habitudes sont très ancrées, tout ne nous appartient pas. On parlait du droit canonique ce matin. Il est évident qu'il faudrait réformer le droit canonique, mais cela n'appartient pas qu'à l'Église de France.

Je voudrais pointer plusieurs choses fondamentales en lien avec la création de cette association. Le rapport du groupe Mémoire propose un lieu qui va fédérer d'autres lieux ou plutôt mettre en réseau d'autres initiatives, comme celle de Tours par exemple. Je crois que ce qui est important, c'est de faire entrer dans cette démarche les deux institutions auxquelles nous avons souvent fait référence que sont la CEF et la CORREF. Peut-on travailler à la question mémorielle sans le faire avec ces institutions qui portent la responsabilité des crimes qui ont été commis en leur sein ?

Je parle à titre personnel : je ne peux pas concevoir que nous travaillons sur la question de la mémoire des violences sexuelles et des abus sans que l'Église soit partie prenante. Elle porte cette responsabilité-là. Ne pas s'impliquer pour la mémoire revient à renforcer cette tendance qui commence à se faire jour dans certaines communautés : on veut tourner la page et on passer à autre chose.

Souvent on nous interroge en nous disant, mais finalement un lieu mémoriel, vous n'allez pas faire un monument aux morts ? Alors je remarque deux choses. On parle ici de mémoire *vivante*. Il n'est pas question de faire un monument aux morts ! Nous voulons faire un lieu où on va pouvoir dire la vie, grâce aux témoignages.

Je parle très peu maintenant de de ce qui m'est arrivé concrètement. Ce qui m'intéresse, c'est d'interroger et d'interpeller les communautés locales et les individus. Qu'est-ce que ces récits de vie changent aujourd'hui ? Dans notre manière d'être présents au monde, dans notre manière d'être en relation avec les autres, qu'est-ce que ça change? Si rien ne change dans nos relations avec les autres, si rien ne change dans notre relation à Dieu, ou dans notre prière ? Si rien ne change ou si rien ne se met en route, alors la parole des personnes victimes aura été vaine.

Le travail que nous avons à faire par le biais de l'association et avec l'aide de vous tous qui ont envie de rentrer dans cette démarche mémorielle, c'est de porter des questions. Qu'est-ce que nous faisons de ces récits, de ces histoires personnelles ? Comment ces récits nous changent, nous transforment et transforment les lieux où nous sommes, dans notre relation les uns aux autres ?

Les personnes victimes, sentinelles d'une mémoire vivante

Nicolas Scalbert

En tant que président de l'association de victimes *Parler & reVivre*, je voudrais d'abord vous expliquer comment des victimes abordent, en 2023, cette question de mémoire, quelques-unes des conditions pour qu'elles puissent s'y impliquer, et quels rôles elles peuvent y occuper[1].

Tout d'abord deux mots sur les membres de notre association, et le débat qu'il y a eu sur notre participation :
- originaires de toute la France ;
- de 40 à 75 ans ;
- une légère majorité d'hommes (57%) contre 43% de femmes ;
- grande hétérogénéité de prédateurs, relevant de diocèses comme de congrégations ;
- dominante d'affaires individuelles, souvent sans connaitre d'autres victimes ;
- agressées enfants ou adultes ;
- passées en justice ou non ;
- reconnues par les commissions, ou bien avec des demandes non encore déposées.

---

[1] Le site web de l'association : https://www.parler-et-revivre.fr/.

Au-delà des questions principales liées à la mémoire, à l'éducation et à la prévention, l'association a approuvé sa participation à ce travail mémoriel pour trois raisons principales :
- donner une vraie place aux victimes, car ce doit être un lieu où elles pourront dire et expliquer ce qui s'est passé ;
- ne pas traiter l'aspect mémoriel de façon individuelle, mais aussi et surtout de manière collective dans ce qui fait commun et système entre nous, avec les nécessaires débats sur le pour quoi et le comment on fait mémoire ;
- enfin agir concrètement avec des personnes de l'Église qui entendent poursuivre un travail effectif sur les violences sexuelles commises. Cela nous semble bien rare en ce moment ...

Mais ce choix n'a pas fait l'unanimité, dans la mesure où ce travail mémoriel ne peut s'inscrire qu'à la suite des mesures que doit prendre l'Église, et qui ne sont pas traitées aujourd'hui à la hauteur de ce qu'il faudrait faire. Et je citerai là trois choses importantes, même si ce ne sont pas les seules :
- Faire *AVEC* les personnes victimes. Or les organisations de victimes sont aujourd'hui tenues à l'écart, sans information : lorsque de nouvelles dispositions sont adoptées, elles le sont sans elles, à l'exception des seules personnes qui se situent encore dans l'Église. Ce qui veut dire concrètement qu'elles ne sont pas reconnues !
- Traiter la reconnaissance pour toutes les victimes concernées, sans mettre à part par exemple les personnes majeures ou les personnes en cours de procédure judiciaire, pour lesquelles rien n'est encore fait. Là encore, il y a des trous dans la reconnaissance ...

- Enfin traiter les questions de fond, systémiques, qui sont la cause essentielle d'une telle reproduction des abus qu'il a pu y avoir. Or la plupart ont été escamotées à l'assemblée plénière des évêques à Lourdes en mars 2023, ou alors on prend l'excuse de Rome.

Dans de telles conditions, comment voulez-vous que les personnes victimes puissent s'investir pour faire mémoire ?

Il y a ensuite une temporalité de la vie de victime à prendre en compte, qui fait aussi la temporalité de nos organisations. Être victime n'est pas un statut et ne doit pas nous figer dans cet état, mais au contraire un parcours progressif qui doit s'inscrire dans la durée :

- Il y a d'abord le temps de la parole, rendu possible par le travail et la remise du rapport de la CIASE. Ce temps est tout nouveau, puisqu'il y a seulement deux ans que le rapport a été remis.
- Puis vient le temps de la reconnaissance et de la réparation : or ce temps n'en est qu'à ses débuts, puisqu'à ce jour la quasi-totalité des victimes - plus de 99 % - restent à l'écart de ces dispositions : seulement 2000 personnes ont déposé une demande à ce jour, alors que 6471 avaient témoigné auprès de la CIASE. Trois fois plus ! Ce travail re reconnaissance doit absolument se poursuivre sur la durée, et s'améliorer pour mieux écouter les personnes victimes.
- Vient ensuite le temps nécessaire d'un apaisement, puisque ce travail de reconnaissance réactive, de façon parfois très douloureuse, le traumatisme vécu par les victimes, parfois plus d'un demi-siècle auparavant.

Ce n'est qu'après ces trois étapes que les victimes peuvent vraiment devenir **témoins** de ce qu'elles ont vécu, et pleinement **actrices** d'un travail de mémoire qui vise la transmission et la prévention.

L'urgence actuelle doit ainsi viser en priorité tout ce qui rend possible et développe la parole puis la reconnaissance des victimes. Il faut pour cela une plus grande volonté, transparence et crédibilité de l'Église pour engendrer de la confiance. Nous n'en sommes pas encore là ! C'est pourtant indispensable pour que les personnes ou les associations de victimes puissent participer activement et sereinement à un travail de mémoire.

Un autre point qu'il nous faudra intégrer et travailler, c'est comment faire œuvre commune avec une telle diversité de situations. Diversité des parcours vécus par les personnes, des agressions qu'elles ont subies, des contextes qui ont permis qu'elles adviennent et prennent de l'ampleur, des conséquences qu'elles ont eues sur la vie des personnes. Et de ce fait-là, la diversité des parcours actuels des personnes victimes pour passer de victime à acteur, de victimes à témoins. Cette pluralité de parcours singuliers, nous devrons absolument la prendre en compte pour faire mémoire, autant dans le projet à développer que dans la gouvernance qui la concrétisera, pour que la majorité des personnes victimes puisse s'y reconnaitre.

Je voudrais dire enfin ce qui nous tient le plus à cœur. Cette mémoire ne se construit pas sur des tombeaux ou des fichiers ! C'est aux personnes victimes qu'il appartient prioritairement de la porter, de s'impliquer très concrètement pour dire, raconter, expliquer : elles seules peuvent rendre compte de leur expérience sensible, dire l'horreur de l'effraction des corps, expliquer le comment de l'emprise qui vous a fait disparaitre, démonter les mécanismes de la dissociation qui fait de vous un autre que vous-même, expliquer l'enfermement causé par le silence et le secret, ou les dommages du psychotraumatisme. Cela fait d'elles les sentinelles indispensables pour éviter que ces crimes ne se poursuivent ou ne se répètent.

Ce travail de mémoire n'est d'autre part pas qu'une simple analyse de matériaux, aussi fine et intelligente soit-elle. Bien avant les matériaux, il y a les personnes et leurs expériences sensibles. Ce sont elles, d'abord et avant tout, qui pourront construire cet indispensable pont entre les personnes, entre les générations, et nourrir une mémoire «dynamique» ouverte aux transformations sociales à venir, porteurs de notre indispensable utopie du « Plus jamais ça ! » Des personnes, des sentinelles, des ponts entre les générations.

Merci pour votre attention.

Postface

Katherine Shirk Lucas

Depuis cette journée d'études en novembre 2023, les atrocités de violences sexuelles commises au sein des communautés chrétiennes font la une des journaux en France et ailleurs. Nos pensées et notre attention vont vers toutes les personnes victimes atteintes dans leur corps et leur esprit.

Nous portons l'espoir que les initiatives de l'association Mémoires des violences sexuelles et abus dans les Églises contribuent modestement à leur rendre justice, par la dénonciation des effets destructeurs et singuliers des violences sexuelles et des impunités des agresseurs ; par le travail scientifique sur les mémoires, par l'exigence que les institutions ecclésiales assument l'entière responsabilité des crimes commis sous leur surveillance, par l'encouragement de tout effort de prévention. Nous tenons à avancer ensemble : personnes victimes, alliés, experts, militants, toute personne souhaitant s'engager.

Les bénéfices de la vente de ce livre sont reversés à l'association[1]. Nous vous remercions de votre lecture.

---

[1] Pour joindre l'association : associationmvsae@gmail.com.

Présentation des auteurs

Laëtitia Atlani-Duault est anthropologue. Ses travaux portent, d'une part, sur la fabrique des crises et leurs mémoires, et, d'autre part, sur les grands enjeux de société au prisme des religions. Elle est vice-présidente de l'université Paris Cité, présidente de l'Institut Covid19 *Ad Memoriam* qu'elle a fondé à l'université Paris Cité, directrice de recherche au laboratoire Ceped (université Paris Cité, IRD) et professeur affiliée à l'Université Columbia à New York. Elle a été récemment conseillère pour les affaires humanitaires au siège des Nations Unies à New York, membre de la Commission indépendante sur les abus sexuels dans l'Église catholique de France (CIASE), et membre du Conseil scientifique Covid19. Ses derniers livres : *Lieux de mémoire sonore. Des sons pour survivre, des sons pour tuer* (avec L. Velasco (Editions de la MSH, 2021) ; *Les spiritualités en temps de pandémie* (Albin Michel, 2022) ; *Les violences sexuelles dans l'Église catholique : apprendre des victimes* (avec C. Lazerges et J. Molinario, Dalloz, 2023) ; et *Religions et fin de vie* (Fayard, 2023).

Jean-François Badin est diplômé en droit. Après avoir exercé la profession d'avocat, il s'est formé à la médiation. Médiateur indépendant, il est inscrit sur la liste des médiateurs près des Cours d'appel de Paris et de Lyon. Il accompagne les particuliers et les organisations pour les aider à dépasser les blocages dans la communication et les conflits qui les impactent. Référent de situation à l'Instance nationale indépendante de reconnaissance et réparation (INIRR), il coordonne la mise en œuvre des démarches restauratives et le développement de la dimension mémorielle de l'instance.

Annette Becker est professeure émérite d'histoire à l'université Paris-Nanterre. Elle travaille sur les deux guerres mondiales, en particulier sur les formes de violence et de sacré qui se sont transmises de l'une à l'autre, les génocides des XXe et XXIe siècles et leurs mémoires. Elle est une des fondatrices de l'Historial de la Grande Guerre de Péronne et du parcours historique du Mémorial de la Shoah à Paris. Elle est administratrice du Musée National des Invalides et préside son comité scientifique. Parmi ses derniers ouvrages : *Messagers du désastre, Raphaël Lemkin, Jan Karski et les génocides* (Fayard, 2018) ; *Messengers of Disaster* (University of Wis- consin Press, 2021) ; *L'Immontrable ? Des guerres et des violences extrêmes dans l'art et la littérature* (Créaphis, 2021) ; et *Des Juifs trahis par leur France* (Gallimard, 2024). Membre du groupe Mémoire.

Marie-Rose Boodts est psychologue clinicienne, psychanalyste. Elle pratique en psychiatrie et en cabinet de consultations. Elle a enseigné pendant dix ans la psychologie aux séminaristes (Faculté Notre-Dame du Collège des Bernardins) et participe aux sessions de formation à la vie affective des séminaristes du diocèse de Paris. À partir de 2016, elle participe à l'initiative de Mgr de Moulins-Beaufort à un groupe de travail sur les abus spirituels, psychiques et sexuels, sur les conséquences traumatiques pour les personnes victimes, et les familles, la psychologie des abuseurs et l'attitude et la responsabilité de l'Église. Membre du groupe Mémoire.

Après vingt ans dans la médecine au service des femmes enceintes, **Marie-Pierre Cournot** est pasteure de l'Église protestante unie de France, à la paroisse de Montparnasse-Plaisance à Paris. Elle enseigne l'hébreu biblique à l'Institut protestant de théologie-Paris et participe au projet de paroisse numérique « E-Église. » Elle organise des cultes en soutien aux personnes victimes de violences sexuelles.

Philippe Denis est un dominicain sud-africain d'origine belge. Il est docteur en histoire de l'Université de Liège. Après avoir enseigné l'histoire du christianisme pendant une trentaine d'années à l'Université du KwaZulu-Natal en Afrique du Sud, il travaille comme chercheur et coordinateur de programme au Conseil des Églises du KwaZulu-Natal. Ses travaux portent sur l'histoire de la Réforme, l'histoire du christianisme en Afrique australe et la réponse des Églises au génocide des Tutsi au Rwanda. Il a fondé et continue à soutenir le Centre Sinomlando pour l'histoire orale et le travail de mémoire en Afrique. Il a publié notamment *The Genocide against the Tutsi and the Rwandan Churches. Between Grief and Denial* (James Currey, 2022).

Victime d'un prêtre agresseur, devenue témoin, **Véronique Garnier** est coresponsable sur le diocèse d'Orléans d'un service de protection des mineurs et membre de Foi et résilience. Elle est l'auteure de plusieurs ouvrages dont *La vérité nous rendra libres* avec Karlijn Demasure et Anne Descour (Mediaspaul, 2022) ainsi qu'*Au troisième jour, de l'abîme à la lumière* (Artège, 2017). Membre du groupe Mémoire.

Benoît Gaudin est directeur des productions pour une agence majeure du secteur de l'événementiel, tant sur des événements publics que sur des événements pour des entreprises du CAC 40. Membre du collectif des Voix Libérées qui regroupe 70 personnes, il a été agressé sexuellement par un prêtre qui a animé une manécanterie pendant 50 ans, à Loches, Tours et Amboise. Il s'est engagé dans une démarche de réparation personnelle et collective de reconnaissance auprès de l'INIRR.

Boris Grebille est directeur de la pédagogie du Pôle arts & création de Galileo Global Education France. Il est membre du comité de rédaction du journal *Témoignage chrétien* et a publié plusieurs ouvrages pour les enfants. Membre du groupe Mémoire.

Christine Lazerges est agrégée de droit privé et sciences criminelles, docteur en droit, licencié ès lettres, professeur émérite de l'université Paris 1 Panthéon-Sorbonne. Ses travaux de recherche portent essentiellement sur le droit pénal, la politique criminelle et les droits de l'homme. Elle a mené de front une carrière universitaire et politique, locale, à Montpellier (1983-2001), puis nationale. Ancienne députée (1997-2002), elle fut vice-présidente de la Commission des lois puis première vice-présidente de l'Assemblée nationale. Elle a présidé le Conservatoire national du littoral de 1997 à 2002. Elle a présidé de 2012 à 2018 la Commission nationale consultative des droits de l'homme (CNCDH), accréditée par les Nations unies comme l'institution nationale française de protection et de promotion des droits de l'homme. Christine Lazerges fut membre de la Commission indépendante sur les abus sexuels dans l'Eglise catholique de France (CIASE). Elle a été pendant dix ans membre du conseil d'administration de la Fondation du protestantisme. Elle est l'auteur avec Laetitia Atlani-Duault et Joël Molinario de l'essai *Violences systémiques dans l'Eglise catholique : apprendre des victimes* (Dalloz, 2023).

Gerard J. McGlone, SJ, est chercheur au *Berkley Center for Religion, Peace, and World Affairs* de l'université Georgetown à Washington, DC, où il dirige le projet *Towards a Global Culture of Safeguarding*. Auparavant, il était professeur adjoint de psychiatrie à la faculté de médecine de l'université de Georgetown. Plus récemment, il était directeur de la protection des mineurs à la Conférence des supérieurs religieux majeurs. Il a survécu à des violences sexuelles commises par des membres du clergé catholique pendant son enfance, ainsi qu'au harcèlement sexuel à l'âge adulte.

Evelyne de Mevius est docteure en philosophie de l'Université Paris Nanterre et en théologie de l'Université de Genève. Ses recherches ont porté sur les conflits identitaires, la reconnaissance et la reconstruction. Elle a été consultante à l'Institut des Nations Unies pour la formation et la recherche (UNITAR) à Genève, chargée de cours à l'université de Genève, rédactrice et traductrice freelance, et travaille aujourd'hui dans le domaine de la vulgarisation à Bruxelles.

Guillemette Mounier est journaliste spécialisée en éducation. Elle a été coordinatrice du groupe Mémoire.

Après une carrière professionnelle au service des jeunes et des mouvements d'Église (Scouts et Guides de France, Action catholique des milieux indépendants), **Brigitte Navail** est engagée au diocèse de Nanterre dans l'équipe d'accompagnement des laïcs en mission ecclésiale (LME). Membre du collectif Foi et Résilience, elle participe à des groupes de travail post-CIASE avec la CEF et la CORREF. En licence canonique à l'Institut catholique de Paris, ses recherches en ecclésiologie portent sur les ministères confiés aux laïcs. Membre du groupe Mémoire.

Juriste de formation, **Eve Paul** accompagne et développe des projets innovants de gestion de contenu et des connaissances, de traitement des données et d'enrichissements sémantiques. Attachée au partage de connaissances, elle s'implique en tant qu'experte métier auprès de différents organismes professionnels. Elle a rejoint la CRR en mai 2022 en tant que membre référent.

Nicolas Perreau a été Petit chanteur de Touraine pendant 11 ans, de 1971 à 1982. Il a gardé un excellent souvenir de cette période pendant laquelle il a pratiqué le chant choral avec une quarantaine de camarades. Instituteur de formation, il a consacré sa vie professionnelle à la formation des enfants et adolescents. Près de 40 ans après avoir quitté la Manécanterie, il apprend par voie de presse que plusieurs de ses camarades ont été agressé sexuellement pendant leur enfance par le prêtre qui dirigeait la chorale. Meurtri par les souffrances révélées par ses camarades, trahi par l'homme d'Église en qui tous avaient confiance, il se sent, comme de nombreux camarades et leurs parents, victime secondaire. Il rejoint le collectif

Voix Libérées dans son action de soutien et de défense des Petits chanteurs victimes de l'abbé Tartu.

Valérie Rosoux est directrice de recherches du FNRS et professeure à l'université catholique de Louvain où elle enseigne la justice transitionnelle et les politiques de la mémoire. Elle est membre de l'Académie royale de Belgique. Elle est licenciée en philosophie et docteure en sciences politiques. En 2010, elle a assuré pour une durée d'un an un mandat de chercheuse dans le cadre du *United States Institute of Peace* à Washington. En 2021, elle a obtenu un *Max Planck Law Fellowship* qui lui a permis de développer une équipe de recherche en Allemagne.

Francis Salembier était professeur de finance et trésorier d'un grand groupe international. Victime d'un prêtre agresseur, au collège, il est participant-témoin à plusieurs groupes de travail initiés par la Conférence des évêques de France (CEF). Il est contact diocésain (Lille) et délégué régional du mouvement Entrepreneurs et dirigeants chrétiens (EDC). Membre du groupe Mémoire.

Katherine Shirk Lucas enseigne à la faculté de théologie de l'Institut catholique de Paris, où elle est l'assesseure catholique de l'Institut supérieur d'études œcuméniques. Elle est membre de la Commission de théologie de l'Action des chrétiens pour l'abolition de la torture (ACAT)-France et du Groupe des Dombes. Ses recherches portent sur les méthodologies du dialogue œcuménique et la réconciliation des mémoires. Membre du groupe Mémoire.

Table des matières

Avant-propos — 9
Boris Grebille, Katherine Shirk Lucas

Première partie

1. La CIASE et les violences sexuelles dans l'Église catholique : mémoire, justice, réparation — 17
Laëtitia Atlani-Duault

2. Réflexions sur la dénomination de personne victime — 20
Evelyne de Mevius

3. Mémoires en bataille. Portée et limites d'une reconstruction entre institution, société et victimes — 32
Valérie Rosoux

4. Les Églises rwandaises confrontées à la mémoire douloureuse et contestée du génocide des Tutsi — 46
Philippe Denis

5. Vigilance langagière et émergence de la parole — 59
Marie-Rose Boodts

6. Assumer son passé pour se relever et faire mémoire aujourd'hui   61
Véronique Garnier

7. Contribuer à la mémoire par le témoignage   66
Francis Salembier

8. Accueillir la parole des personnes victimes en paroisse   70
Marie-Pierre Cournot

Deuxième partie

1. Le pouvoir de guérison des récits de survivants : favoriser la responsabilité, la justice et l'espoir   75
Gerald J. McGlone, SJ

2. La mémoire des violences sexuelles subies par des mineurs au sein de la manécanterie des Petits chanteurs de Touraine (1960 – 2000)   93
Benoit Gaudin, Nicolas Perreau

3. La vocation et le fonctionnement de l'Instance nationale indépendante de reconnaissance et de réparation (INIRR) et de la Commission de reconnaissance et de réparation (CRR)   98
Jean-François Badin, Eve Paul

4. Mémoires, violences sexuelles et abus dans les Églises : préfiguration d'une association   112
Guillemette Mounier

5. Ensemble vers un réseau fort d'humanité   115
Annette Becker

6. Nécessités et mises en garde concernant les entreprises mémorielles   119
Christine Lazerges

7. Se laisser transformer grâce aux récits de vie   123
Brigitte Navail

8. Les personnes victimes, sentinelles de mémoires vivantes   126
Nicolas Scalbert

Postface   131
Katherine Shirk Lucas

Présentation des auteurs   132